C'EST MOI QUI DÉCIDE !

www.editions-jclattes.fr

Jan Faull
Illustrations de Mits Katayama

C'EST MOI QUI DÉCIDE !

Ou comment sortir des rapports de force
avec les enfants de 2 à 10 ans.

Traduit de l'anglais par Valérie Rosier

JC Lattès

Titre de l'édition originale
UNPLUGGING POWER STRUGGLES
publiée par Parenting Press, Inc., Seattle, Washington

Collection PARENT +
dirigée par Isabelle FILLIOZAT

Maquette de couverture : Atelier Didier Thimonier
Illustration : Hélène Crochemore

ISBN : 978-2-7096-3838-8

Copyright © 2000 by Janice Faull
Illustrations copyright © 2000 by Parenting Press, Inc.
Tous droits réservés.
© 2012, éditions Jean-Claude Lattès pour la traduction française.
Première édition septembre 2012.

*Ce livre parle des grands qui aident les petits
à devenir grands un jour.*

*Il est dédié à Hallie, Katie, Reisha
et Steve Holton*

Sommaire

Présentation de la collection 11

Introduction 17

1. Le conflit d'autorité tant redouté 19
2. Pourquoi l'enfant a besoin de pouvoir et de contrôle 33
3. Choix et décisions appropriés pour des enfants 49
4. Parfois, il nous faudra tenir bon 65
5. Choix, négociation et compromis 85
6. Lâcher prise 115
7. Choisir l'une des trois options 133
8. Les conflits de pouvoir que nous perdrons toujours 149
9. Notre part dans les conflits de pouvoir 169
10. Puiser dans notre vrai pouvoir 185

11. Reconstruire des relations détériorées 203

Postface 217

Remerciements 221

Présentation de la collection

Le monde change, les enfants d'aujourd'hui ne vivent plus dans le même environnement que ceux d'hier, tout bouge. Entre laisser-faire et autorité, les comportements des parents oscillent. Cette collection ouvre une troisième voie, celle de la parentalité positive, qui s'attache à construire en positif plutôt qu'à répondre à ce qui est négatif. Elle s'intéresse aux causes plutôt qu'aux seuls effets, elle travaille en amont pour éviter l'apparition d'attitudes de blocage plutôt que tenter de les réprimer ou de les punir. Elle n'a pas pour but de « redresser » les comportements des enfants, mais d'améliorer la vie en commun de manière à ce que chacun soit plus heureux. La parentalité positive pense en termes de besoins, d'étape de développement, de maturation du cerveau, d'enseignement, de coaching et non en termes de caprices, de limites, de rapports de force et de domination.

En France, la théorie psychanalytique est encore la référence presque absolue. L'enfant y est vu comme animé de pulsions à contenir pour qu'il devienne un être social. Ses comportements sont perçus comme mus par le seul principe de plaisir auquel les adultes doivent opposer le principe de réalité. Dans ce modèle, le rôle du parent est donc logiquement de poser des limites aux désirs, à ce qui est interprété comme un caprice et à la toute-puissance de l'enfant. Une telle vision de la relation ne peut qu'engendrer nombre de conflits qui épuisent tant les parents que les enfants et altère la relation. Nombre de comportements sont vus comme des manifestations d'opposition aux exigences parentales ou sont interprétés comme des tentatives de manipulation. Dans ce paradigme, il est logique que le parent cherche à contrôler toujours plus, à mettre des limites et à cadrer. S'il n'est pas autoritaire, il est vu comme laxiste. Il « laisse tout faire ». Mais qui a dit qu'on ne pouvait changer de paradigme ?

John Bowlby (1907-1990), pédopsychiatre et psychanalyste anglais, n'arrivait pas à se satisfaire de cette approche. S'intéressant à la discipline scientifique naissante qu'était l'éthologie, il y a découvert l'empreinte et le besoin d'attachement. Au cours des

PRÉSENTATION DE LA COLLECTION

années 1950, il a énoncé la théorie de l'attachement, s'opposant radicalement à la théorie psychanalytique des pulsions. L'enfant n'existe pas seul, il est un être de relation, un être social dès sa naissance. L'attachement se construit dans l'interaction entre le nourrisson et la personne qui s'occupe de lui. Les comportements de l'enfant, même et surtout les plus difficiles, ne cherchent pas à manipuler le parent, mais ont des causes. Ils expriment ses besoins, notamment d'attachement. Le rôle du parent est d'identifier ces besoins et de les nourrir.

Face aux comportements excessifs ou désagréables de nos enfants, la plupart des parents actuels se disent « elle me fait un caprice », « il est jaloux », « elle cherche de l'attention », « il me teste », et réagissent en conséquence. Cette vision de l'enfant qui le et nous place dans un rapport de force permanent est issu de la théorie psychanalytique des pulsions.

La collection Parent +, résolument ancrée dans le paradigme de l'attachement, a pour but de présenter des informations sur le cerveau en développement, différentes approches de parentalité positive et surtout des outils concrets pour le quotidien. Car nous manquons à ce jour de pratiques concrètes de parentalité positive. Aimer son enfant est nécessaire, certes, mais pas suffisant pour faire face aux situations les plus banales du quotidien. Nous avons besoin d'idées, d'outils, d'exemples, pour nourrir nos attitudes parentales. Les modèles du passé ne nous conviennent plus, mais les alternatives sont peu développées. C'est une chose de dire qu'on ne tape plus, qu'on ne fait plus peur ni honte à nos enfants, mais alors que faire ? Que dire ? Comment agir face à leurs comportements inacceptables ? Nous le constatons tous les jours, crier et punir est inefficace. La preuve ? Il faut toujours recommencer. Comment faire autrement ? Nombreux sont les adultes qui pensent que, s'ils ne giflent, ne menacent, ni ne punissent, ils devront tout accepter, tous les comportements, toutes les demandes et toutes les réactions émotionnelles et qu'ils devront passer leur temps à expliquer le pourquoi du comment à leur gamin. Le parentage positif ne consiste ni à donner des récompenses ni à expliquer en permanence, mais à développer de nouvelles attitudes parentales, pédagogiques et efficaces. Le plus souvent, chacun d'entre nous se dira « Bon sang mais c'est bien sûr ! Pourquoi n'y ai-je pas songé plus tôt ? » Nous n'y avons pas pensé parce que notre vision était inscrite dans un paradigme qui ne nous le permettait pas. D'autres, ailleurs, y ont pensé, ont expérimenté et ont écrit des livres que j'ai eu envie de présenter au public français.

Nous avons besoin d'un autre regard sur nos enfants et les motivations de leurs comportements pour accomplir le rêve de tout parent : leur donner les

PRÉSENTATION DE LA COLLECTION

fondations de leur sécurité intérieure, les accompagner dans l'intégration de leur confiance en leur personne propre comme en leurs compétences, pour qu'ils réussissent à l'école et deviennent plus tard des adultes autonomes, intelligents, responsables et empathiques. Nous avons aussi besoin d'idées, d'exemples, d'astuces, de techniques simples et rapides pour qu'ils mettent leur casquette au soleil ou leurs bottes quand il pleut sans que cela fasse problème, pour partir à l'école à l'heure et sans stress, pour que les repas soient des moments agréables de partage, pour que le square ne soit pas une angoisse, pour qu'elle nous donne la main pour traverser la rue sans chercher à s'échapper, pour qu'il cesse de se chamailler avec sa sœur, pour qu'elle aille faire pipi aux toilettes et qu'il se lave, pour un coucher avec histoire mais sans histoires… Bref, pour un quotidien moins prise de tête, plus gai, plus libre, plus heureux.

I. F.

Introduction

Ma fille Anna avait dix ans et j'étais conseillère en pédagogie parentale depuis déjà cinq ans. Je croyais connaître toutes les ficelles, en particulier comment inculquer de la discipline à un enfant tout en lui donnant confiance en lui. Pourtant, ma fille et moi nous disputions sans cesse à propos de tout et de rien, de ses vêtements pour aller à l'école à sa façon de ranger sa chambre et de faire ses devoirs.

J'étais le parent volontaire et dominateur qui voulait contrôler sa vie. Après tout, j'avais vécu plus qu'elle, j'avais acquis de l'expérience, et j'étais responsable de son éducation. De son côté, à dix ans, Anna cherchait à davantage décider de sa vie. Nous étions donc toutes deux engagées dans une bataille sans fin. Conflit après conflit, notre relation se dégradait.

Je finis par lire quelques ouvrages hors du champ éducatif pour comprendre les conflits de pouvoir qui surgissent entre adultes. Le livre qui m'éclaira le mieux sur ce sujet fut *Beyond the Power Struggle* de Nancy Campbell, malheureusement épuisé aujourd'hui. Cette lecture m'a permis de réaliser que je n'avais pas de problèmes de discipline avec Anna. Mais que nous étions enfermées l'une et l'autre dans un rapport de force, bref que nous nous disputions le poste de commandement.

C'est de cette situation vécue avec ma fille et de ce que j'ai appris en travaillant avec des centaines de parents que ce livre est né et s'est nourri. J'espère qu'il nous aidera à comprendre la dynamique qui consiste à céder progressivement le pouvoir et le contrôle que nous avons sur nos enfants, et par là même à éviter les rapports de force. Et si nous nous retrouvons nous-même engagé(e) dans des bagarres de ce genre, voici quelques stratégies qui nous permettront de les résoudre en bonne intelligence, dans le respect des deux personnes concernées, à savoir nous et notre enfant, sans attenter à la dignité ni de l'une ni de l'autre.

Anna est devenue adulte, nous avons toutes deux survécu et la force de notre relation nous soutient mutuellement. Puisse ce livre nous rendre notre rôle de parent plus facile et plus agréable en nous aidant à éviter les conflits de pouvoir ou à les résoudre tout au long du chemin si nous en rencontrons.

1. Le conflit d'autorité tant redouté

Il est probable qu'au cours de notre carrière de parent nous entrions à un moment ou un autre en lutte avec l'un de nos enfants, si ce n'est avec tous. Qui commande ? Voici l'enjeu de ce combat plus ou moins déclaré.

Il existe une tension naturelle entre parents et enfants, dont il est nécessaire de prendre conscience. Notre tâche est d'instruire, former, influencer nos enfants pour mieux les protéger, les garder en bonne santé, leur enseigner certaines valeurs et les guider jusqu'à ce qu'ils soient eux-mêmes en âge de se prendre en main. Quant aux enfants, ils ont un fort désir d'indépendance ; ils aspirent à devenir leur propre guide. La tension naturelle entre ces deux positions peut conduire à l'affrontement de deux volontés : le conflit de pouvoir.

À quoi le reconnaître

Un rapport de force peut surgir quand le parent insiste pour que le tout petit mange ses petits pois et qu'il ou elle refuse ; ou bien lorsque chaque matin il se presse afin de ne pas arriver en retard et que l'enfant traîne au lieu de s'habiller.

Les conflits de pouvoir n'impliquent pas toujours cris, pleurs, hurlements ou autres manifestations bruyantes. Dans certains foyers, ils se jouent à coups de paroles grinçantes. « Tu n'as pas besoin de ce maillot de bain », dit la mère. « Mais si, répond le fils. Je sais mieux que toi ce dont j'ai besoin », laissant parent et enfant dans une tension persistante. Dans ces familles, les conflits d'autorité tiennent plus d'une guerre froide où les deux camps se manipulent au quotidien, l'air de rien. « Tu iras à ton match de foot quand ta chambre sera rangée », dit la mère. Sous la pression, deux minutes avant l'heure où il doit filer, le garçon fourre tout le fouillis qui encombre sa chambre sous son lit et dans le placard.

Il existe de multiples façons d'encourager un enfant à manger des aliments qui ne l'attirent pas au départ. Ou d'obtenir de lui qu'il soit prêt à partir pour l'école et ne nous mette pas en retard. Il y a moyen de gérer les achats destinés aux enfants de manière à contenter tout le monde. Si toutefois l'un de ces cas de figure dégénère en rapport de force, ni l'adulte ni l'enfant n'en sortira vainqueur et la bataille risque de nuire à la relation.

Pourquoi ils se produisent

Les rapports de force déconcertent les parents. Pourquoi cet enfant n'obéit-il pas tout simplement ? Cela nous faciliterait tant la vie. Il y a plusieurs raisons à cela.

Le fort besoin d'indépendance de l'enfant. La tension monte parce que nous cherchons à contrôler le comportement de notre enfant alors que lui veut être son propre maître, afin de prouver qu'il est une personne à part entière et non notre prolongement. Les parents ont toujours en tête l'intérêt de leur enfant, et pourtant, ce dernier peut refuser d'obtempérer juste pour éprouver son pouvoir sur lui-même. « Vous ne pouvez pas m'y obliger ; c'est moi que ça regarde. » Un conflit autour du brossage de dents illustre bien ce type de batailles : redoutant les caries, le parent insiste pour que l'enfant se brosse les dents, mais, lui, refuse d'ouvrir la bouche.

Le besoin de contrôle des parents. Aucun parent ne souhaite contrarier les envies de son enfant si sévèrement que ce dernier ressente le besoin de se défendre et de lutter pour prouver son indépendance ; c'est pourtant ce qui se passe. Les parents se réjouissent en général de voir leur enfant développer de nouvelles capacités et montrer du talent quand il s'agit par exemple de se nourrir et s'habiller seul, apprendre à lire ou faire ses devoirs sans l'aide de personne. Mais quand il ou elle cherche à étendre son autonomie et sa maîtrise jusque dans des domaines où les parents ne souhaitent pas céder leur contrôle, c'est le rapport de force.

Choc de personnalités. Parfois ce n'est pas une situation qui déclenche un conflit de pouvoir mais un problème de personnalité. Peut-être que l'une de nos filles cherche quotidiennement à exercer pouvoir et contrôle au-delà de ce qui est approprié à son âge. Elle dirigerait la maisonnée, nous y compris, si on la laissait faire. Cette enfant doit pouvoir acquérir régulièrement de plus en plus d'autonomie et de maîtrise sur sa vie, mais elle a aussi besoin de parents fermes et résolus, qui fixeront des limites raisonnables pour qu'elle ne se mette pas en danger.

LE CONFLIT D'AUTORITÉ TANT REDOUTÉ

Attentes irréalistes. Les conflits de pouvoir adviennent souvent quand les attentes des parents envers le comportement de leur enfant ne sont pas réalistes. Peut-être espérions-nous emmener notre bambin au restaurant mais il n'a pas encore la maturité d'attendre patiemment d'être servi, de manger avec une fourchette ou de s'essuyer la bouche avec sa serviette. La bagarre est inévitable.

Souci de sécurité. L'inquiétude des parents est à la racine de nombreux conflits de pouvoir. Delphine a toujours accompagné sa fille à l'arrêt de bus. Sophie est à présent en CM 1, et elle insiste pour faire ce trajet avec ses camarades de classe qui habitent le quartier. Delphine craint pour sa sécurité et refuse, ce qui déclenche un combat émotionnel. Le nouveau besoin d'indépendance de Sophie se heurte aux peurs de sa mère quant à sa sécurité.

Désir de garder le contrôle. « Tu ne t'en tireras pas comme ça. » C'est ainsi que s'engage un autre genre de conflit de pouvoir, là encore motivé par la peur de l'adulte. Un parent peut parfois craindre que si son enfant s'en tire à bon compte cette fois, il ne respecte pas les horaires de sortie une fois adolescent. Le rapport de force devient pour ce parent une arène où affirmer son autorité. Partant de l'idée fausse selon laquelle l'obliger à obéir maintenant garantirait qu'il file doux et reste bien en sécurité sous la coupe parentale à l'adolescence.

Conflits de valeurs. Certains rapports de force surviennent lorsque le comportement ou les désirs de l'enfant se heurtent aux convictions ou au système de valeurs de l'adulte. Consciemment ou non, chaque parent a un projet sur ce qu'il veut pour son enfant : bonnes manières, études brillantes, comportement respectueux, entre autres. Quand l'enfant ne se conforme pas à ces exigences parentales, c'est le conflit.

Inexpérience des parents. En général les parents ne s'engagent pas dans un rapport de force avec leur enfant par caprice, désir de domination ou avec des intentions malveillantes, mais juste par manque d'expérience. Un parent débutant essayant d'enseigner à son enfant comment s'habiller réalise que cette simple tâche est devenue la source d'une malheureuse lutte quotidienne entre deux volontés.

LE CONFLIT D'AUTORITÉ TANT REDOUTÉ

Conflit autour du vélo

Quand Brian, six ans, fait du vélo dans la rue et tourne au coin juste là où il lui a été dit de ne pas aller, sa mère Marie fait face à un problème de discipline. Elle lui confisque son vélo durant trois jours et revoit avec lui les limites de l'espace autorisé pour le vélo. Brian accepte de bon gré le contrôle qu'elle exerce sur sa vie, raisonnable étant donné son âge et le quartier où ils vivent ; il respecte la règle posée sans lutter.

En revanche, un rapport de force surgit bel et bien trois ans plus tard. Brian a alors neuf ans. Or, les limites de son territoire sont restées les mêmes. Il voudrait prouver qu'on peut lui faire confiance et qu'il est capable dorénavant de s'aventurer plus loin mais Marie refuse. Elle a peur de ce qui pourrait arriver et préfère qu'il ne prenne aucun risque. Brian n'a toujours pas le droit d'aller au-delà de sa rue. Il ne se passe pas un jour sans qu'il insiste. « S'il te plaît maman, laisse-moi aller un peu plus loin, juste une fois. » Mais Marie craint que, si elle l'autorise aujourd'hui à faire le tour du pâté de maisons, il n'exige la prochaine fois d'aller jusqu'au parc, et bientôt, jusqu'au centre commercial.

À ce stade de son développement, l'horloge interne de Brian le pousse à prendre davantage sa vie en main. Il s'estime prêt à satisfaire son besoin d'aventure et d'indépendance, mais les craintes de sa mère la retiennent et l'empêchent de lui donner la permission qu'il demande.

Elle craint qu'un inconnu ne l'attire et ne le fasse monter dans sa voiture. Elle redoute qu'un adolescent ayant tout juste obtenu son permis de conduire fonce dans la rue sans faire attention aux jeunes cyclistes du quartier. L'idée d'exposer son fils aux dangers du monde extérieur l'angoisse, aussi cherche-t-elle à persuader Brian qu'en tant que parent responsable, elle ne peut l'autoriser à rouler au-delà des limites établies.

Leurs rapports s'enveniment. Bientôt, Brian ne se contente plus de supplier de pouvoir faire un tour de vélo dans le quartier. Il pleure et pique des crises de colère. Frustrée par ce comportement, Marie se met elle aussi à tempêter et à crier pour imposer son point de vue. Cette dynamique se répète chaque jour et tant la mère que le fils s'y épuisent émotionnellement.

Manifestement, Marie et Brian sont enfermés dans un conflit de pouvoir avéré. Marie lutte pour garder le contrôle sur la vie de son fils afin de mieux le protéger tandis que Brian lutte pour prendre davantage sa vie en main, avec en jeu ses sentiments de compétence personnelle et d'indépendance.

LE CONFLIT D'AUTORITÉ TANT REDOUTÉ

Étapes de ce conflit de pouvoir :
1. Brian arrive à un stade de son développement où il éprouve tout naturellement le besoin de prendre davantage sa vie en main en acquérant plus d'indépendance et, ce faisant, de confiance en lui.
2. Marie refuse de céder, craignant que si elle renonce à ce qui a été convenu entre eux, son fils n'exige toujours plus.
3. Marie craint que quelque chose de terrible n'arrive à son fils si elle lui permet de parcourir le quartier en vélo.
4. Une tourmente d'émotions laisse Marie et Brian épuisés et en triste état, sans que la situation ait avancé d'un pouce.
5. Marie a beau essayer maintes fois de convaincre Brian du bien-fondé de son point de vue, ses tentatives échouent.
6. Le conflit se répète jour après jour, à tel point qu'il s'enracine dans le quotidien.
7. La relation parent-enfant se dégrade.

> **Comment identifier un conflit d'autorité ?**
>
> Nous pouvons repérer que nous sommes pris dans un jeu de pouvoir quand :
> - Notre enfant refuse d'obéir.
> - Le conflit ou sujet de conflit revient sans cesse.
> - Les esprits s'échauffent.
> - La relation parent-enfant se dégrade lentement.
> - Le problème n'est jamais vraiment résolu.

Options pour mettre fin au rapport de force autour de la bicyclette

Quelle que soit la forme prise par le conflit de pouvoir, la responsabilité de prendre des mesures pour le résoudre incombe à l'adulte. Deux éléments clefs seront nécessaires : un plan d'action, associé à une attitude détachée. Sans plan, la dispute continuera à se répéter quotidiennement. Sans une attitude calme et posée, le plan échouera, car les émotions alimentent et nourrissent les bagarres.

Quand nous rencontrons un conflit, trois options s'offrent à nous : camper sur nos positions, chercher un compromis, proposer des alternatives et négocier ou lâcher prise. Tout dépend de la situation. Selon les cas, l'une ou l'autre de ces options sera la plus judicieuse. Quoi qu'il en soit, envisager ces trois options nous aidera à passer d'une réaction de type émotionnel, peur ou frustration, au mode résolution du problème. Nous pourrons alors établir un plan d'action à tête reposée, l'exécuter et mettre ainsi fin à la bagarre. Chaque conflit de pouvoir étant unique, il requiert cette phase de réflexion.

Marie dispose donc de ces trois options :
1. Tenir bon. Disons que Marie habite dans un quartier extrêmement dangereux de la ville. Dans ce cas, mieux vaut rester ferme. Chaque fois que Brian aborde le sujet et demande à circuler en vélo dans le quartier, Marie peut répondre d'une voix égale : « Tu ne vas pas plus loin que notre rue », ou mieux : « Quelle est la règle concernant les limites du vélo ? » Et rien de plus. Elle a déjà exposé la situation, fait part de ses raisons ; inutile de revenir là-dessus. Si Marie adopte cette position intransigeante, il est important de fournir à Brian d'autres opportunités de satisfaire son besoin d'aventure loin de ses parents, un besoin naturel qui survient à peu près au milieu des années d'école primaire. Peut-être pourra-t-il prendre le bus pour aller au cinéma avec un camarade ? Ou bien encore Marie peut emmener Brian et son copain faire du vélo tout-terrain dans un endroit sûr, conçu pour

cette activité. Ce faisant, elle protègera son fils des dangers de leur quartier, mais répondra à son besoin naturel de s'assumer davantage.

2. Négocier, faire des compromis, proposer des alternatives. Si elle choisit cette option, Marie peut transiger en permettant à Brian de faire du vélo dans le quartier, à condition qu'il soit toujours accompagné d'un copain ou d'une copine. Elle peut aussi stipuler qu'elle accompagnera Brian plusieurs fois dans ses tours en vélo pour lui montrer les endroits risqués et lui donner quelques conseils afin de rouler en toute sécurité.

3. Lâcher prise. Marie peut choisir cette option si elle en vient à prendre conscience que son fort besoin d'exercer un contrôle sur son enfant n'est pas justifié, qu'il se nourrit d'une peur irrationnelle. Si Marie choisit de lâcher prise, ce ne sera pas en levant les yeux au ciel d'un air exaspéré ou en déclarant forfait. Non, elle expliquera posément à Brian qu'elle a reconsidéré sa position et pourquoi, sans rien perdre de sa dignité. Elle lui dira qu'elle a décidé d'élargir les limites prévues et de le laisser se promener à sa guise.

LE CONFLIT D'AUTORITÉ TANT REDOUTÉ

Résolution du conflit autour du vélo

Après avoir mûrement réfléchi, Marie a choisi le compromis. Elle a élargi les limites du territoire de circulation à vélo, à condition qu'il roule en compagnie d'un copain ou d'une copine. Brian a été si content de pouvoir se promener dans tout le quartier que la règle « toujours avec un copain » ne l'a pas contrarié le moins du monde. En faisant ce choix, Marie nourrissait suffisamment la pulsion d'aventure et l'exigence d'indépendance de Brian pour le moment. Lui accorder un peu de pouvoir et de maîtrise à chaque nouveau stade de développement satisfait en général l'enfant tout en restituant à la relation parent-enfant son harmonie.

Dans le cas de Marie et Brian, le parent et l'enfant sont tous deux sortis gagnants de cet épisode ; aucun n'en est sorti totalement vainqueur en écrasant l'autre, et aucun n'a été forcé de renoncer totalement à sa position initiale. Le jour viendra où Brian insistera pour aller plus loin et seul, alors Marie sera de nouveau tenue de réévaluer la situation. À la racine de tout conflit de pouvoir se trouve l'aspiration naturelle de l'enfant vers plus d'autonomie et de liberté.

2. Pourquoi l'enfant a besoin de pouvoir et de contrôle

Les enfants ont naturellement tendance à vouloir diriger de plus en plus leur propre vie. Leur estime d'eux-mêmes en dépend. Ils ont entre dix-huit mois et deux ans quand cette volonté se fait jour. Puis elle resurgit à maintes reprises, de diverses manières, à mesure que l'enfant grandit. Pour certains heureux parents, le transfert de contrôle du parent à l'enfant se fait progressivement et en douceur ; d'autres se trouvent engagés dans de nombreux conflits de pouvoir à mesure que leurs enfants font pression sur eux pour gagner davantage d'autonomie dans leur chemin vers l'indépendance.

Les mots mêmes de « pouvoir » et de « contrôle » suscitent chez les parents toutes sortes d'émotions et de réactions. « Je refuse tout net que mon enfant prenne le pouvoir et commande dans cette famille, usurpant un rôle qui me revient de droit. Je vois des foyers où les enfants commandent leurs parents qui filent doux comme s'ils en avaient peur », dit une maman. L'inquiétude est légitime et la situation qu'elle évoque, malsaine. Ces enfants semblent avoir pris le pouvoir et contrôler leurs parents et ce, bien évidemment, au détriment de toutes les personnes concernées.

Donner du pouvoir aux enfants de manière saine n'a rien à voir avec cette inversion des rôles. Sans guidance parentale claire, les enfants se débattent sans but. Il s'agit de leur confier peu à peu de plus en plus de pouvoir d'une façon adaptée à leur âge et à leur évolution, tout en préservant leur santé, leur sécurité et les valeurs familiales.

L'estime de soi

Donner des choix et des permissions aux enfants, les encourager à prendre des décisions appropriées à leur âge selon leur stade de développement leur procurent un sentiment personnel de pouvoir et de maîtrise d'eux-mêmes et de leur environnement. Notre petit de deux ans peut décider s'il préfère s'asseoir sur le siège des toilettes ou sur son pot pour apprendre la propreté. Notre fille en âge préscolaire peut décider quelle camarade inviter chez elle pour jouer un après-midi. Notre fils de neuf ans peut choisir d'aménager sa chambre à sa façon.

N'oublions jamais que nous sommes, de fait, en position de force par rapport à nos enfants. Nous sommes plus forts sur les plans physique, affectif, relationnel et intellectuel. Et nous leur démontrons involontairement mais quotidiennement notre supériorité en décidant des courses à faire, des menus, de l'agenda familial. Nous travaillons, gagnons et gérons l'argent, les comptes en banque, les cartes de crédit. Nous savons conduire une voiture et naviguer dans des rues encombrées ou sur les voies express.

Quand nous permettons à notre fille de trois ans d'appuyer sur le bouton qui ouvre la porte du garage, nous lui cédons un peu de notre contrôle, ce qui lui donne confiance en elle et en son pouvoir de décision. Quand nous autorisons notre fils à choisir entre des macaronis en gratin ou des spaghettis bolognaise pour le dîner, nous démontrons combien son opinion compte pour nous et lui donnons ainsi le sentiment de sa propre importance. Offrir à ses enfants des choix adaptés à leur âge, c'est la clef d'une éducation efficace et une bonne façon d'éviter d'entrer dans un rapport de force.

Imaginons ce que nous éprouverions si quelqu'un exerçait sur nous un contrôle permanent, nous disant sans cesse que faire, comment s'habiller, comment mener notre maison, notre carrière, nos affaires. Nous nous sentirions très frustrés et nous dirions quelque chose comme : « Hé, attendez un peu, je suis compétent(e), je suis capable de prendre moi-même les décisions me concernant. Donnez-moi une chance de faire mes preuves, d'accord ? » Ressentant cette situation comme un abus de pouvoir, nous serions tentés de mal réagir, en cherchant querelle ou bien en abandonnant. Dans tous les cas, notre confiance en nous en prendrait un coup. Il en va de même pour l'enfant et son évolution.

Pouvoir et contrôle négatifs

Le besoin de pouvoir et de contrôle est si fort chez les enfants que, s'ils ne parviennent pas à leurs fins de façon positive, ils chercheront à les obtenir de façon négative. Voici cinq modes négatifs.

Inconduite. Un enfant qu'on oblige à ramasser ses jouets sans que ses parents l'y aient préparé par de l'aide et des conseils appropriés peut se mettre à jeter ou à casser ses jouets au lieu de se plier aux exigences de rangement. Ce comportement provoquera vraisemblablement la colère parentale, et notre enfant gagnera en pouvoir en jouant sur nos émotions.

Sabotage. Un enfant, souffrant d'un excès de contrôle parental, s'est vengé en trouant la boîte de détergent qui a fui lentement. Un autre jour, il a perforé le pack de lait. Les parents avaient du mal à savoir lequel de leurs quatre enfants était l'auteur de ce petit sabotage. Le coupable a pu se délecter en secret des effets de ses agissements.

Rébellion. Les enfants peuvent apprendre à être responsables de leur travail scolaire et y prendre plaisir. Si, toutefois, la question des devoirs se mue en bataille de volontés entre parent et enfant, ce dernier risque de se rebeller : « Vous ne pouvez pas m'y obliger ; c'est à moi seul de m'occuper de mes progrès scolaires. »

Revanche. Quand l'adulte abuse de son autorité et exerce sur l'enfant un contrôle excessif, ce dernier risque de chercher à se venger dans un domaine qui tient particulièrement à cœur au parent. M. et Mme Guédon attachent une grande importance aux études de leur fille, Chloé. Un jour, sous le coup de la colère, celle-ci déchire une jolie aquarelle. En représailles, sa mère et son père lui suppriment le droit de regarder ses émissions télévisées préférées. Chloé se venge alors en négligeant son travail scolaire pendant toute une semaine.

Soumission. Sous la coupe de parents dominateurs, certains enfants réagissent en devenant excessivement soumis. Ils perdent peu à peu confiance en eux-mêmes, ce qui les empêche de prendre des décisions convenant à leur âge et à leur stade de développement. À dix ans, Carine n'arrive pas à choisir sa tenue avant d'aller à l'école chaque matin. Sa mère, pourtant soucieuse des intérêts de sa fille, a si bien dominé tous ses faits et gestes qu'elle a empêché Carine d'acquérir la confiance en ses choix. Cette dernière a alors du mal à prendre les décisions et opérer les choix les plus simples.

Trouver le juste équilibre

Donner systématiquement le choix aux enfants et les laisser prendre trop de décisions serait tomber dans une excessive permissivité. C'est l'approche « Fais ce qui te plaît ». Les enfants en déduisent que nous n'avons ni l'intérêt ni l'énergie de nous soucier de ce qu'ils font.

Le parent conserve son autorité dans des domaines tels que la sécurité, la santé, les valeurs familiales les plus importantes. En voiture, nous ne demandons pas à notre enfant s'il veut bien boucler sa ceinture ; c'est une question de sécurité. Chez les Bertrand, les enfants n'ont pas la possibilité de choisir entre regarder la télé avant de se coucher ou écouter une histoire car chez eux, il va de soi que le moment du coucher s'accompagne d'une histoire. Les enfants ont besoin d'un cadre clair, d'un parent fiable et concerné pour les protéger, leur inculquer des valeurs et les guider afin qu'ils deviennent des êtres responsables, honnêtes et compatissants.

Quand on les encourage à opérer de petits choix et à prendre des décisions importantes à leurs yeux, leur estime d'eux-mêmes croît salutairement. Ils seront d'autant mieux disposés à respecter les règles de sécurité et à coopérer parce que cela n'altérera pas leur estime personnelle.

L'enfant de deux ans

Les nourrissons ignorent qu'ils sont des individus séparés de leurs parents ; ils vivent dans une sorte de fusion physique et affective. À mesure qu'ils grandissent, l'histoire change. Leurs horloges internes les informent qu'ils sont des êtres séparés, à part entière. Chacun teste son nouveau pouvoir en poussant le bouchon parfois trop loin, clamant à la ronde : « Non, c'est moi qui le fais ! Laissez-moi tranquille ! » La tâche des parents consiste à comprendre le besoin d'indépendance de leur petit tout en orientant son comportement.

Conflit autour de la télécommande

La conduite de Jules désespère ses parents qui ne savent plus comment reprendre en main leur fils de deux ans. La nuit Jules déborde d'énergie, il court dans toute la maison en faisant ce que savent faire les gamins de son âge, il explore, expérimente, touche à tout en essayant de comprendre son environnement et comment il peut le contrôler. Ses parents, Jennifer et Marc, voient d'un mauvais œil son comportement. Au lieu de comprendre qu'il est naturel pour son âge, ils le prennent comme un affront personnel. Qu'est-il donc arrivé à leur charmant bambin ? Il est devenu exigeant, insistant, et n'accepte pas qu'on lui refuse quoi que ce soit. Bref, ils ne le reconnaissent plus.

Jules est particulièrement fasciné par la télévision. Il regarde son père et sa mère allumer, éteindre et changer de chaîne en manipulant la télécommande. L'écran est tout noir, puis soudain il y a un match de foot ou bien un dessin animé. À ses yeux, ses parents sont de vrais magiciens, si bien qu'il décide d'essayer lui-même. Un dimanche de championnat de foot, il se dandine jusqu'à la télé, prend la télécommande, appuie sur une touche et, ô miracle, tombe sur une émission pour enfants.

Quelle impression de puissance ! Mais ce n'est rien comparé à celle qu'il ressent en voyant réagir son père. Voici que Papa bondit de son fauteuil, crispé par la colère, lui arrache l'appareil des mains et hurle : « Ne touche plus jamais à cette télécommande ! » Jules intègre qu'il lui suffit d'appuyer sur l'une de ces touches pour que son père bondisse en hurlant. Si je suis capable de contrôler les émotions de mon père, c'est que je suis quelqu'un de puissant, en déduit-il avec exaltation. Bon, certains enfants auraient été impressionnés par la réaction de leur père, mais pas Jules. Comme beaucoup d'enfants dotés d'un tempérament obstiné, il apprécie au contraire le pouvoir qu'il détient sur les émotions de son papa.

Par la suite, cela devient une manie : Jules essaie tous les jours de manipuler la télécommande. Jennifer et Marc ont beau changer de tactique, rien n'y fait. Un jour, ils lui hurlent dessus ; le lendemain, ils le mettent au lit ; le surlendemain, ils jettent l'éponge et laissent Jules tripoter la télécommande à son gré. Quelle que soit leur attitude, Jules continue. Alors les deux parents prennent peur. « Si nous n'arrivons pas à le tenir maintenant, comment se conduira-t-il quand il aura seize ans ? » Ils se projettent dans le futur, imaginent Jules en délinquant juvénile qui écume le quartier et se voient eux-mêmes réduits à l'impuissance.

Ses parents n'arrivent pas à comprendre pourquoi Jules ne se soumet pas à leur autorité. La raison en est pourtant simple : sa curiosité et sa quête d'indépendance et de compétence sont plus fortes que son désir de plaire à ses parents. En outre, à deux ans, Jules n'a pas encore de retenue, il est incapable de résister à une chose qui lui procure autant de plaisir. Enfin, il veut se servir de la télévision comme ses parents le font, par imitation.

Éléments de ce conflit de pouvoir :
1. Jennifer et Marc ne comprennent pas le besoin irrépressible de Jules de mieux contrôler son environnement.
2. Le tempérament obstiné de Jules le pousse à vouloir contrôler la télévision même contre la volonté de ses parents.
3. La forte réaction émotionnelle de Jennifer et de Marc renforce encore le sentiment de pouvoir de Jules, puisqu'il contrôle non seulement la télévision, mais aussi leurs émotions.
4. Question discipline, ses parents changent tous les jours d'attitude. Jules en sort perplexe, mais

aussi intéressé, au point qu'il peut se demander : « Que vont faire maman et papa aujourd'hui ? »
5. Les parents craignent que, s'ils ne parviennent pas à obtenir maintenant de Jules qu'il ne touche plus à la télécommande, il tourne mal au moment de l'adolescence.
6. Parce qu'il n'y a pas de solution, le jeu de pouvoir s'intensifie. C'est l'escalade.
7. La relation parent-enfant se détériore.

Options pour mettre fin au conflit de pouvoir autour de la télécommande

Que firent donc Marc et Jennifer ? En premier lieu, ils prirent conscience que changer tous les jours de tactique était inefficace et extrêmement déroutant pour Jules. Ils reconnurent également que leur réaction de colère renforçait de façon néfaste l'emprise que Jules avait sur eux en jouant sur leurs émotions, ce qui ne faisait qu'alimenter le jeu de pouvoir. Marc et Jennifer adoptèrent une attitude plus neutre, plus détachée, et établirent un plan après avoir exploré les trois options suivantes.

1. Tenir bon. Ils pourraient interdire à Jules de s'approcher de la télé, mais s'ils adoptent cette attitude, il leur faudra alors être cohérents et conserver chaque fois la même intransigeance. Dès que Jules fera mine de s'approcher du poste, ils auront à se dresser, arrêter Jules et lui dire fermement : « Stop ! Je ne vais pas te laisser toucher à la télé. Tu peux la regarder, mais seuls maman et papa ont le droit d'appuyer sur les touches, pas toi. » Ils éloigneront ensuite Jules physiquement en l'orientant vers une autre activité. Une façon pour eux de pallier la maîtrise de soi que leur fils n'a pas encore acquise. Ils devront s'y tenir autant de fois que nécessaire. Jules piquera probablement une colère, une réaction normale chez un petit de deux ans qui n'obtient pas ce qu'il veut. Il importe alors que ses parents restent calmes.

Si Jennifer et Marc n'ont pas envie de se démener pour empêcher Jules de s'approcher de la télé, une autre option consiste à la placer hors de sa portée. Cette option est susceptible de désamorcer le rapport de force. Mais si Jennifer et Marc choisissent de garder le contrôle dans ce domaine précis de la télécommande, il est nécessaire qu'ils fournissent à Jules d'autres moyens de les imiter et de progresser dans ses apprentissages. Par exemple, s'ils empruntaient un vieux poste de télé à grand-mère et s'ils le mettaient à la disposition de Jules, leur fils pourrait ainsi appuyer comme eux sur des touches et des boutons.

2. Négocier, transiger, proposer des choix. Un compromis consisterait en l'occurrence à mettre le poste de télé hors de portée du petit garçon, mais à le soulever pour qu'il puisse appuyer sur la touche permettant d'allumer ou d'éteindre. Ainsi, Jules obtiendrait un peu du pouvoir qu'il recherche, mais d'une façon positive et maîtrisée.

3. Lâcher prise. Jennifer et Marc pourraient permettre à Jules d'utiliser les boutons et la télécommande à sa guise. S'ils choisissent cette option, ils découvriront sans doute au bout de quelques jours que Jules a perdu sa fascination pour la télé et est passé à autre chose. En outre, voilà peut-être l'occasion d'utiliser l'intérêt de Jules pour lui apprendre peu à peu comment et quand se servir des touches magiques qui contrôlent la télé.

Résolution du conflit de pouvoir autour de la télécommande

Jennifer et Marc choisirent de mettre la télé en hauteur. Ils auraient préféré que Jules accepte de ne pas toucher à la télécommande ni aux boutons du poste, mais après avoir pris en compte son tempérament et son âge, ils comprirent que leur attente était irréaliste. À deux ans, son cerveau ne lui permet pas encore la maîtrise de soi nécessaire pour résister à son envie. Quand ils lui eurent offert la possibilité d'allumer ou d'éteindre la télé, ils virent briller les yeux de leur fils, signe que le fait d'apprendre à contrôler son environnement renforçait sa confiance en lui.

Jennifer et Marc décidèrent d'enseigner à Jules un peu de maîtrise de lui-même. Chaque soir la famille regardait ensemble un programme. La règle était la suivante : la télécommande devait rester posée sur la table basse. Si Jules y touchait, il sortait. Jules mit cette règle à l'épreuve une seule fois, entraînant la conséquence prévue, une minute en dehors du salon. Ensuite, il ne chercha plus à prendre la télécommande. Il aimait partager avec ses parents ce moment de prédilection et aimait aussi apprendre à maîtriser son impulsion. Quant à Jennifer et Marc, ils se sentirent confortés dans leur rôle de parents : ils avaient repris la situation en main et voyaient comment Jules appréciait de respecter la règle quand elle était appropriée à son âge et à ses besoins. Cela a bien sûr dissipé leurs peurs quant à son avenir.

Eh oui, la vie serait tellement plus facile si les enfants faisaient ce qu'on leur dit et restaient de bon gré sous le contrôle parental. Après tout, c'est nous le parent, nous savons ce qui est le mieux, nous avons de l'expérience, nous sommes plus vieux, plus sage... Mais voilà, la quête d'autonomie est un élément-clef de l'estime de soi. Et plutôt que de nous sentir frustré et menacé par le besoin qu'a notre enfant de peu à peu s'assumer, rappelons-nous que cette aspiration est présente en chacun. Nous y satisferons au mieux en l'encourageant à faire des choix et à prendre des décisions adaptées à son âge. Le plus délicat est de trouver comment leur céder du contrôle sans mettre en péril ni leur sécurité, ni leur santé, ni les critères qui nous sont chers, tout en leur enseignant à se conduire de manière appropriée. Quels choix et décisions peut-on laisser aux enfants selon leur âge ?

3. Choix et décisions appropriés pour des enfants

Il est possible de diminuer le nombre de conflits, voire de les éviter complètement, en recourant à la technique simple des choix. Selon leur âge, on peut encourager les enfants à décider de plus en plus de choses. Ils acquièrent ainsi de la maîtrise, ils se responsabilisent, et comme ces choix sont les leurs, ils sont généralement désireux de s'y conformer.

Quand Jérémie choisit du lait plutôt que du jus de pomme pour son petit déjeuner, il y a davantage de chance qu'il le boive car il s'est investi en faisant ce choix. Si notre fille choisit de pratiquer le basket-ball plutôt que le volley-ball, elle sera vraisemblablement plus régulière dans sa pratique que si nous la lui avions imposée.

Mais il est parfois difficile de savoir quels choix et décisions conviennent à des enfants. En particulier pour de jeunes parents. De nos jours, la tendance est même parfois à donner trop de choix. Et il arrive que les enfants ne se tiennent pas à leurs choix, même s'ils ont été les décideurs. Par exemple, notre fils peut préférer des céréales pour son petit déjeuner, puis exiger en fin de compte des tartines grillées. Nous pourrions avoir l'impression qu'il nous fait tourner en bourrique et cela pourrait nous exaspérer au point de finir par exploser.

Au lieu de perdre notre calme, pourquoi ne pas prendre un peu de recul pour décider d'accéder à sa demande ou non. Sachant qu'il est naturel à cet âge de changer rapidement d'avis, si nous en décidons ainsi, nous pourrons lui dire : « Aujourd'hui tu as choisi de manger des céréales, tu mangeras des tartines grillées demain. » Bien sûr, c'est prendre le risque qu'il boude son petit déjeuner et soit donc de mauvaise humeur toute la matinée parce qu'il n'aura pas mangé. Mais si toutefois nous décidions de nous en tenir à son premier choix, il apprendrait que lorsqu'il fait un choix, il est respecté.

CHOIX ET DÉCISIONS APPROPRIÉS POUR DES ENFANTS

Choix pour les tout-petits

Permettre à des enfants en bas âge de choisir peut être délicat. Si nous demandons à notre petite : « Préfères-tu mettre tes bottes ou tes chaussures ? », elle répondra sans doute « chaussures », juste parce que c'est le dernier mot qu'elle aura entendu. Les tout-petits sont par nature indécis. Ils ne savent pas ce qu'ils veulent : en fait, ils veulent tout. Quand notre enfant n'arrive pas à se décider, notre rôle est d'intervenir. Tout en sachant que refuser ou remettre à plus tard la satisfaction immédiate qu'attend bien souvent un petit, c'est en général provoquer une crise quasi inévitable. Notre enfant y survivra et nous aussi. Il a toutefois besoin de nous, de notre écoute et de notre tendresse bienveillante pour traverser ses émotions. Pas question de le laisser pleurer seul.

Pour les tout-petits, plutôt que de proposer des choix en termes de « ceci ou cela », une idée encore un peu compliquée pour eux, nous pouvons juste leur conférer de la maîtrise sur leur quotidien. Les laisser par exemple décider quels jouets ils mettront dans leur bain. Leur permettre d'aligner toutes les voitures au moment du rangement. Ou les laisser emporter deux ours en peluche pour aller faire des courses chez l'épicier. Ils peuvent choisir deux histoires au lieu d'une au moment du coucher. Et choisir la chemise qu'ils porteront aujourd'hui, même si cette dernière ne nous plaît guère.

Choix pour les plus grands

Il est intéressant de noter que, selon les âges, certains enjeux deviennent primordiaux. Pour beaucoup d'enfants de deux, trois ans, il est extrêmement important de choisir ses vêtements. Ceux qui vont en classe jugeront qu'il leur revient de décider du lieu et du moment où ils font leurs devoirs, puisque cela les concerne au premier chef.

Se mettre en retrait ou proposer des choix sont alors les meilleures attitudes. Nous pouvons négocier ou transiger, accorder à notre enfant des bribes de pouvoir et de maîtrise convenant à son âge et à son stade d'évolution. Laisser l'enfant tenir les rênes dans certains domaines, c'est diminuer d'autant le risque d'entrer dans des rapports de force.

Quand nous prenons une décision à sa place, nous avons à nous poser la question : « S'agit-il d'une décision qu'il peut prendre pour lui-même ? » Si c'est le cas, mieux vaut se retirer et lui en laisser l'initiative. Faire des choix lui donnera l'occasion d'accroître ses compétences. Un enfant ne peut prendre confiance en lui s'il est dominé par les adultes dans tous les domaines.

Choix et décisions pour chaque âge et chaque étape

Laisser de plus en plus de contrôle à l'enfant ne nous empêche pas de lui donner des informations qui peuvent lui être utiles voire nécessaires ou de lui faire des suggestions, mais seulement quand il s'est déjà exprimé. Nous pouvons alors dire : « voilà ce que je sais sur le sujet, comment je vois la situation », ou « voici ce que je ferais ». Notre enfant reconnaît l'autorité naturelle de l'adulte qui a de l'expérience et est plus âgé(e), il peut être curieux de nous entendre. C'est là la magie de la confiance. Il nous écoutera davantage s'il a le choix que si nous lui imposons une direction. Voici donc les choix convenant aux enfants selon leur groupe d'âge. Il est à noter qu'aucun ne met en péril leur sécurité ni les valeurs familiales.

Les enfants de trois à cinq ans peuvent choisir :
- Leur tenue vestimentaire
- Les programmes télé (bénéficiant de l'accord parental)
- Les histoires avant de s'endormir

- Quel camarade inviter à un après-midi de jeux
- Avec qui jouer et où

Il y a tant de règles et de contraintes horaires à suivre pour les enfants de cet âge qu'il importe qu'ils aient de temps en temps leur mot à dire. Certes ils ne pourront pas transformer le salon en château fort, mais avec de l'adhésif et des couvertures, ils pourront dresser un camp secret dans leur chambre. Ils n'auront pas le droit de colorier les murs ni les meubles, mais munis de papier et de feutres de couleur, ils dessineront ce que bon leur semble. Dans le domaine des jeux et des activités créatives, les enfants ont besoin de décider sans que nous intervenions dans leur choix.

Enfants d'âge scolaire. Ils peuvent exercer leur choix dans les domaines suivants :
- Activités extrascolaires : musique, scoutisme, sports
- Quand et où faire leurs devoirs
- Comment dépenser leur argent de poche
- Coupe de cheveux ou coiffure
- Comment aménager leur chambre

Ils ont besoin de choisir mais aussi de diriger leurs passe-temps favoris. Si notre fils aime faire des maquettes, il est important qu'il décide lui-même du modèle réduit qu'il assemblera et du passage d'un niveau de difficulté à un autre selon son rythme. Les passe-temps et loisirs créatifs donnent aux enfants l'occasion de gagner en autonomie et en compétences.

Cinq astuces et points importants à propos des choix

Comment donner un choix dans une situation où il n'y a pas de choix. En voiture, il n'est pas question de laisser une petite fille de trois ans décider ou non de s'asseoir dans son siège bébé. C'est une question de sécurité ; elle n'a donc pas le choix. Mais nous pouvons lui accorder de choisir par exemple entre regarder un livre ou s'amuser avec un petit jouet une fois installée dans son siège bébé. Nous ne lui laissons pas forcément le choix de faire ou non telle ou telle chose, mais nous pouvons toujours lui offrir un espace de liberté sur sa manière de l'accomplir.

Quand nous sommes contraint(e) de dire non, il est urgent de trouver une occasion de dire oui. Dans une situation donnée, lorsque nous ne pouvons donner le choix et opposons donc un « non » catégorique, il est important de trouver ce qu'il ou elle pourrait décider par ailleurs. Exemple : Françoise ne peut permettre à son fils de huit ans d'aller au parc seul avec son copain. Damien accepte ce refus en ce domaine, mais plus tard, il demande s'il peut préparer un gratin de macaronis pour le dîner. Françoise se doute qu'il va mettre une sacrée pagaille dans la cuisine. Pourtant elle lui donne le feu vert. De cette façon, elle satisfait son besoin d'accroître ses compétences sans compromettre sa sécurité, et compense ainsi le refus qui a contrarié plus tôt ce jour-là son besoin d'indépendance.

Assumer la responsabilité de ses choix, un apprentissage progressif. Malika décide de s'inscrire au volley-ball plutôt qu'à la natation. Aïcha, sa maman, lui achète tout l'équipement nécessaire. Après quelques semaines d'entraînement, Malika déclare que le volley ne lui plaît pas et qu'elle préférerait entrer dans l'équipe de natation. Plutôt que d'accéder tout de suite à sa demande, sa maman peut l'inciter à persévérer jusqu'à la fin du trimestre ou du semestre selon les cas, afin que Malika puisse ainsi apprendre à assumer ses choix.

Quand nous proposons une alternative, mieux vaut nous préparer à accepter aussi bien un choix que l'autre. Laurent donne ce choix à sa fille : « Tu es invitée à passer la nuit chez Sarah. Tu as le choix : range ta chambre et tu pourras aller dormir chez elle, sinon tu resteras ici. » Le père est persuadé que sa fille décidera de ranger sa chambre afin d'aller passer la nuit chez son amie. Mais sa fille, se sentant manipulée, décide finalement de rester à la maison en laissant sa chambre en désordre. Stupéfait, Laurent le prend mal. Apparemment il lui avait donné le choix, mais en réalité, il n'était pas disposé à accepter l'une des deux options proposées. Il manipulait effectivement sa fille. Le choix n'en était pas un.

Guider les enfants à travers des séries de choix pour augmenter leurs compétences. Poser des questions aux enfants et leur proposer des choix peut les aider à s'organiser. Par exemple, à la rentrée des classes, on peut faire partir son enfant du bon pied en lui confiant des responsabilités : « Les soirs où tu auras des devoirs à faire pour le lendemain, ce sera à toi de décider si tu préfères t'y mettre avant ou après le dîner. Ensuite tu auras à décider si tu aimes mieux t'installer à la table de cuisine ou dans ta chambre. Les soirs où tu auras beaucoup de devoirs ou de leçons à apprendre, tu auras à choisir entre travailler sans interruption ou faire une pause et t'y remettre ensuite. »

Conflit autour du dîner avec les invités

Jérémie, quatre ans, et sa maman Julie s'affrontent sans cesse à propos des détails pratiques du quotidien : s'habiller, boucler la ceinture de sécurité, aller faire des courses et en revenir. Les moments des repas aussi sont sources de conflits à propos de quoi manger et où s'asseoir. Les problèmes resurgissent au moment du bain et du coucher.

Julie n'en peut plus. Épuisée, déconcertée, elle est bien près de jeter l'éponge et de renoncer à éduquer son fils. Quand elle était petite et que sa mère lui servait des céréales au petit déjeuner, elle les avalait sans poser de questions. Elle comptait donc sur cette même obéissance de la part de Jérémie, et prend très mal qu'il refuse tout net de manger ce qu'elle lui sert. Elle soupire, prend le ciel à témoin, supplie son fils de se montrer conciliant, puis le traîne de force d'une situation à l'autre. Cette attitude ne donne rien de bon ; le comportement de Jérémie ne fait qu'empirer.

Les problèmes que Julie rencontre avec Jérémie s'exacerbent un soir alors qu'elle reçoit des invités à dîner. C'est censé être une soirée entre adultes, les enfants en sont exclus. Les parents de Jérémie s'attendent à ce que leur fils fasse profil bas, mais lui ne l'entend pas de cette oreille. Désireux de participer à la réunion, il se met à allumer et éteindre les lumières tandis que les adultes sont à table.

Les parents grincent des dents, mais pour tenter d'éviter une scène, ils lui demandent posément d'arrêter. Jérémie refuse d'obtempérer et continue à courir partout, hilare, en allumant et éteignant d'autres lumières. Même s'ils n'en laissent rien paraître, l'irritation gagne les invités. La scène se termine sur une Julie exaspérée traînant de force un Jérémie qui s'époumone jusqu'à sa chambre, où il pique une colère de tous les diables, audible à des lieues à la ronde. Elle reste avec lui pendant plus d'une heure jusqu'à ce qu'il s'endorme. Enfin elle rejoint ses invités, bien embarrassée.

Éléments de ce rapport de force :
1. Julie ne comprend pas le tempérament de Jérémie ni son besoin constant de contrôler sa vie et son entourage.
2. Crises et conflits se répètent quotidiennement sans trouver d'issue.
3. Les attentes de Julie envers son fils sont irréalistes vu son âge, en particulier dans des situations telles que celle d'un dîner avec des invités.
4. Comme Jérémie n'obtient pas de pouvoir ni de maîtrise de façon positive, ce qu'il aurait pu obtenir si des choix adaptés à son âge lui avaient

été proposés, il cherche à exercer du pouvoir là où il le peut, poussé par un besoin irrépressible. Et s'il le fait de façon négative, c'est parce qu'il n'a pas d'autre possibilité, et non parce qu'il aurait envie d'être pénible.

Résolution du jeu de pouvoir autour du dîner avec les invités

Si les parents de Jérémie lui permettent de faire des choix et l'y encouragent en lui donnant l'occasion de prendre certaines décisions, Jérémie verra son besoin d'autonomie satisfait de façon positive, un besoin légitime chez chaque enfant. L'aventure du dîner est un parfait exemple de ce besoin qui pousse Jérémie à chercher du pouvoir de façon négative. Se sentant exclu et impuissant, il a paradoxalement trouvé le moyen de contrôler toute la soirée !

Le défi pour Julie est de trouver comment fournir à Jérémie, au quotidien, des occasions de se sentir puissant et responsable. Un réveil lui en offre l'opportunité. Ce petit accessoire se révèle efficace au-delà de ses espérances.

En effet, Jérémie a très envie d'avoir son propre réveil, et il supplie depuis quelque temps sa mère de lui en donner un. Julie pense que cet objet ne convient pas à un enfant de quatre ans, néanmoins elle décide d'accepter. Comme elle doit se battre tous les matins pour que son fils s'habille avant d'aller à l'école maternelle, elle décide d'en profiter pour lâcher prise sur ce conflit et de transférer ce contrôle-là à Jérémie.

Après lui avoir donné le réveil et l'avoir aidé à le manipuler, elle lui dit : « Jérémie, le matin, le réveil sonne à sept heures. Quand tu l'entends, tu l'éteins, tu te lèves, tu t'habilles et tu descends tout seul comme un grand pour prendre ton petit déjeuner. » Pour faciliter la réussite de cette étape dans l'autonomie de son fils, la veille au soir, elle l'aide à choisir ses vêtements et à les disposer dans sa chambre en lui posant des questions : « Comment tu vas faire ? », « Qu'est-ce que tu voudras mettre ? », « Où tu vas poser les chaussettes ce soir pour les trouver demain matin ? » Investi de cette nouvelle responsabilité, Jérémie se sent important. Il prend un grand plaisir tant à la préparation du soir avec maman qu'à se débrouiller tout seul le matin. Résultat : s'habiller avant d'aller à l'école n'est plus un problème, ni pour lui, ni pour sa mère.

Julie donne de plus en plus souvent l'occasion à Jérémie de prouver ses compétences et d'affirmer positivement son esprit de décision. Au petit déjeuner, elle le laisse choisir entre œufs ou céréales, et au moment du coucher, il choisit aussi un livre selon ses goûts du moment.

C'EST MOI QUI DÉCIDE !

Dès que Jérémie décide seul d'une chose même anodine, sa mère y prête attention et le conforte dans son choix :

« Jérémie, quelle jolie chemise tu portes aujourd'hui. Elle te va bien. »

« Jérémie, tu as conçu une ville magnifique avec ton jeu de construction. Bravo. »

Et elle-même continue à lui donner de plus en plus de choix :

« Jérémie, quel dessin animé as-tu envie de regarder ce soir ? »

« Jérémie, ce soir c'est à toi de décider du menu du dîner. »

« Ça te plairait d'inviter un copain à jouer à la maison un après-midi ? Lequel préfères-tu inviter ? »

Une fois que Jérémie a intégré le sentiment de pouvoir et de contrôle nourri par ces prises de décision, les relations entre Julie et lui se sont détendues. La situation a encore progressé et franchi un pas décisif quand Jérémie a pu accepter les refus de sa mère sans faire de problème. « Jérémie, je sais que tu as envie de traverser la rue tout seul, et je ne peux pas le permettre. C'est dangereux. Tu me tiens la main. » Jérémie a instantanément obtempéré. Un mois plus tôt, ce simple « non » aurait déclenché une crise.

Lorsque les parents de Jérémie ont lancé une nouvelle invitation, ils ont établi un programme pour lui. À l'apéritif, il a été chargé de servir les amuse-gueule et a pu, l'heure suivante, regarder le dessin animé de son choix. Sa mère l'a mis au lit à l'heure habituelle. Grâce à ce stratagème, le besoin d'attention et de contrôle de Jérémie fut assouvi, et les adultes purent passer une soirée entre amis en toute tranquillité.

Offrir des choix et soutenir le besoin des enfants de prendre des décisions adaptées à leur âge et à leurs capacités est une bonne façon d'éviter les conflits d'autorité tout en les aidant à renforcer leur confiance en eux et leur sentiment de compétence. Pourtant les parents les plus doués et les plus expérimentés peuvent se retrouver dans des luttes pour le pouvoir. Une fois coincé dans un jeu de pouvoir avec son enfant, comment en sortir ?

4. Parfois, il nous faudra tenir bon

Pour résoudre un conflit de pouvoir il est absolument nécessaire de dépasser le stade émotionnel de manière à pouvoir établir un plan d'action. Le parent garde à l'esprit les trois options : tenir bon, négocier, et lâcher prise.

1. Tenir bon. Quand on adopte cette option, il est important de ne pas flancher. Notre enfant aura beau gémir, ronchonner, pleurnicher, ou même piquer une crise de nerfs, nous resterons inébranlable sur la décision tout en reconnaissant ses désirs et ses sentiments. Cette option convient en particulier quand le problème touche à la sécurité de l'enfant ou aux valeurs fondamentales. Si cette attitude intransigeante provoque une réaction violente de l'enfant, s'il se met à frapper ou à casser quelque chose, nous le contiendrons physiquement avec tendresse et fermeté, en restant à l'écoute de ses émotions.

2. *Négocier, transiger, proposer des choix.* Il s'agit de céder un peu de contrôle à l'enfant à travers compromis, choix et négociations. Cette option est appropriée quand nous percevons un fort désir de notre enfant de prendre davantage de responsabilité et l'en jugeons capable. Nous pressentons que son comportement général s'améliorera quand nous lui aurons accordé un peu de contrôle en le soutenant à mesure qu'il dirigera davantage sa propre vie.

3. *Lâcher prise.* Lâcher prise est approprié quand le parent prend conscience qu'en campant sur ses positions dans une situation qu'il ne peut tout simplement pas contrôler il perd toute légitimité et capacité à influer sur son enfant, ou quand le rapport de force domine la relation. Quand nous nous rendons compte que cette guéguerre perpétuelle est une perte de temps et d'énergie, nous pouvons entrevoir que notre enfant peut être capable de prendre cette initiative et décidons de lui offrir cette chance. Nous annonçons alors officiellement : « Allez, je lâche, je te laisse faire. » Le paradoxe, c'est que nous découvrons souvent qu'après ce lâcher prise, notre enfant s'ouvre comme par miracle à notre influence.

Ce peut être la plus difficile des options car, en renonçant, nous pouvons avoir l'impression de perdre une partie de notre autorité parentale. C'est en réalité le contraire qui se passe.

Tenir bon quand la sécurité est en jeu

S'il est facile de partager le contrôle dans certains domaines, cela s'avère bien plus difficile dans d'autres. Dominique a toujours eu confiance dans la façon dont sa fille gérait ses études. Quand Alice était en CE 1 et qu'elle est rentrée pour la première fois à la maison avec un devoir à faire, Dominique s'est assise à côté d'elle pour l'aider par des conseils et lui apporter son soutien. Puis, sentant que sa fille prenait de l'assurance et qu'elle avait envie de plus d'autonomie, Dominique lui a laissé le champ libre. Elle s'est toujours tenue au courant de ce que sa fille apprenait, sans surveiller systématiquement ses devoirs. Dominique a toujours insisté pour qu'Alice ne regarde pas la télé les soirs de semaine, mais par ailleurs elle lui a fait confiance et l'a laissée mener ses études à sa guise. Jamais la moindre bataille n'a surgi entre elles à ce propos. Pourtant un conflit d'autorité a surgi quand Alice, maintenant âgée de neuf ans, a refusé de porter un casque de cycliste.

Conflit autour du casque de cycliste

Alice refuse tout net de porter son casque. Quand elle enfourche son vélo sans l'avoir mis, Dominique se met en colère et commence à lui faire la leçon : « Les gamins tombent de vélo... Ce genre d'accident arrive tous les jours. Je le lis dans le journal. Des chocs et des blessures à la tête peuvent entraîner une paralysie. Tu te rappelles de Benoît, qui habitait notre ancien quartier, il s'est heurté la tête contre le trottoir et maintenant il est en fauteuil roulant pour le restant de ses jours. »

« Je déteste ce casque stupide, réplique Alice ; ça me donne l'air bête et chaud à la tête. Aucune de mes amies ne met le sien. Je ne vais pas tomber... Tu ne peux pas me forcer à porter ce truc. »

Certains jours Dominique gagne. Elle retient la bicyclette et empêche Alice de monter dessus. D'autres jours elle laisse tomber, exaspérée, et sa fille s'en va cheveux au vent sur son vélo. Enfin Dominique essaie parfois de la soudoyer en lui disant : « Si tu mets ton casque, je te laisserai regarder la télé un moment ce soir. »

Ce conflit se poursuit au fil des semaines. Chaque fois qu'Alice sort son vélo du garage, Dominique se crispe. Elle surveille sa fille du coin de l'œil pour voir si cette fois elle a mis son casque. Mais non. Alice enfourche son vélo et part en laissant son casque par terre dans le garage. Chaque fois, Dominique l'intercepte dans l'allée, et c'est la dispute.

Éléments de ce conflit de pouvoir :
1. Dominique se met en colère dès qu'elle voit Alice sans son casque. Constater l'impact de son attitude sur les émotions de sa mère joue un rôle de renforcement. La forte réaction de Dominique nourrit le rapport de force au lieu d'y mettre un terme.
2. Dominique s'obstine à essayer de convaincre Alice de son point de vue sans prendre en compte le rejet de sa fille pour les casques.
3. Son changement fréquent d'attitude et son manque de cohérence alimentent la dynamique du combat. Un jour Dominique tient bon, le lendemain elle tente un compromis en proposant à sa fille de regarder exceptionnellement la télé, puis le surlendemain elle abandonne et laisse Alice rouler sans son casque. Cette discontinuité déconcerte Alice et l'intrigue à la fois : quelle sera l'attitude de sa mère la prochaine fois ?
4. Le conflit né à propos du casque fait maintenant partie de la routine quotidienne. Or les enfants aiment la routine, même quand elle comporte des choses négatives. Ce conflit qui

surgit systématiquement après les cours rend la vie d'Alice prévisible.

Résolution du conflit autour du casque

Parce que cette situation met en jeu la sécurité d'Alice, la seule option pour Dominique, c'est de tenir bon. Reste à trouver la manière de le faire sans nuire à sa relation avec sa fille.

Dominique décide de mettre la bicyclette sous clef. Elle commence par faire de l'empathie et par reconnaître le point de vue de sa fille. « Je sais que tu détestes mettre ton casque ; il te gêne et tu trouves qu'il te donne l'air bête. » Elle rappelle ensuite sa position : « Néanmoins, c'est ma responsabilité en tant que parent de ne pas te permettre de rouler sans casque. Si tu tombais et que tu te blessais, je ne me le pardonnerais jamais. Et cela parce que je t'aime fort. Ta bicyclette est enfermée dans le cellier. Quand tu voudras bien mettre ton casque, je te la rendrai. »

Naturellement, Alice pique sa crise. « Ce n'est pas juste ! Tu abuses de ton autorité. Je te déteste… Tu es méchante ! » Après cette grosse colère, elle va s'enfermer dans sa chambre et claque la porte derrière elle en criant : « Puisque c'est comme ça, je ne ferai plus jamais de vélo ! Tu peux en faire ce que tu en veux… Je m'en fiche complètement. »

Alice est furieuse parce que Dominique a fait preuve d'autorité, mais surtout parce que sa mère a changé et s'est retirée du conflit de pouvoir qui faisait partie de leur quotidien depuis des semaines. En général les enfants réagissent mal au changement.

Pourtant la colère d'Alice est éphémère. Plus tard dans l'après-midi, une amie l'invite à faire un tour en vélo. Comme Alice met son casque, Dominique sort la bicyclette du cellier.

En mettant son casque, Alice a non seulement décidé de ne pas prendre de risque, mais elle a accepté l'autorité de Dominique. Par conséquent le sentiment de sa propre importance comme personne autonome s'est vu un peu amoindri. Consciente de cela, Dominique a eu la sagesse de ne pas jubiler ouvertement ni faire encore une fois la leçon à sa fille. « Merci d'avoir mis ton casque, a-t-elle dit. Je suis contente que tu ne prennes pas de risque. Je sais que tu n'aimes pas le mettre, alors merci. Je te fais confiance ; je sais que tu le porteras même quand tu seras hors de ma vue. »

Oui, mais une peur sourde demeure chez Dominique : qu'est-ce qui empêcherait Alice d'enlever son casque et de le cacher dans des buissons dès qu'elle aura tourné le coin de la rue, pour le récupérer plus tard en rentrant chez elle ? Est-ce chez Dominique juste une inquiétude, ou bien est-elle certaine que sa fille se joue d'elle de cette manière ? Cela fait une grande différence. Si, effectivement, Dominique voit Alice rouler sans casque, elle sévira : « Je t'ai vue rouler sans casque. Tu seras privée de vélo pendant toute une semaine », dira-t-elle en remettant la bicyclette sous clef.

Si Dominique n'a que des soupçons envers sa fille, il vaut mieux ne pas lui en parler. Inutile aussi de l'espionner en la suivant mine de rien, ou d'appeler les voisins pour qu'ils la surveillent. Elle a besoin de cultiver la bonne volonté, la confiance et la franchise avec son enfant. Si elle l'espionne en secret, Alice peut devenir dissimulatrice, ce qui entraînerait un nouveau genre de conflit et détériorerait encore plus leur relation.

Puisque Alice a décidé de suivre la règle concernant le port du casque en cédant un peu de son autonomie, Dominique doit trouver d'autres domaines où sa fille pourrait en acquérir davantage. Elle pourrait par exemple lui permettre d'aller au cinéma avec une amie sans adulte accompagnant. Ou bien l'autoriser à prendre le bus toute seule pour aller passer un après-midi en centre-ville.

Attention, ces propositions ne doivent pas être une monnaie d'échange. Dominique ne dit pas : « Comme je t'oblige à porter ton casque, par compensation, tu auras le droit de faire ça. » Il s'agit seulement de rééquilibrer le degré de pouvoir et d'autonomie entre parent et enfant. La mère a dû faire preuve d'autorité dans un domaine touchant à la sécurité de sa fille, aussi décide-t-elle de donner des permissions dans un autre domaine d'une façon qui lui semble raisonnable et sans risque en fonction de l'âge d'Alice.

Éviter le conflit de pouvoir à propos du casque de cycliste

Nous nous en doutons peut-être, ce conflit de pouvoir aurait pu être évité. La première fois qu'Alice a enfourché son vélo sans casque sur la tête, Dominique aurait dû refuser tout net de la laisser filer et mettre la bicyclette sous clef tant que sa fille n'aurait pas accepté le casque. Pour d'autres parents, la solution paraît simple et évidente, mais elle ne l'était pas pour Dominique. Sa peur qu'il arrive quelque chose à sa fille suscitait en elle beaucoup trop d'émotions et d'angoisses. Hélas, une fois qu'on est immergé dans un rapport de force, il est difficile de prendre du recul et d'évaluer l'efficacité de sa démarche.

Nous pouvons éviter des conflits de pouvoir tels que celui rencontré par Dominique en établissant des règles et habitudes fondées sur nos valeurs et sur les impératifs de sécurité. Dans chaque famille il existe un certain nombre de règles de sécurité non négociables : en voiture les enfants doivent s'asseoir dans leur siège auto puis, plus tard, boucler leur ceinture de sécurité. Les parents ne permettent pas à leurs enfants de jouer avec des allumettes. Quand les enfants sont petits et qu'ils jouent dehors, ils doivent se cantonner à la cour ; en grandissant ils élargissent bien sûr leur périmètre et s'aventurent dans leur quartier, mais ils doivent alors tenir leurs parents au courant de leurs allées et venues.

Comment établir une règle de sécurité

Puisque Dominique ne pouvait transiger au sujet du casque, comment aurait-elle pu jouer positivement de son autorité de parent pour inculquer à sa fille cette règle de sécurité tout en gagnant sa coopération ?

Commencer tôt. Équiper l'enfant d'un casque dès la première fois qu'il monte sur un vélo.

Être cohérent. Chaque fois qu'il fait du vélo, veiller à ce qu'il ait bien son casque sur la tête et songer à être présent pour le lui mettre si nécessaire.

Transmettre un message clair. « Ce casque te protège la tête si jamais tu tombes. C'est mon rôle de veiller à ta sécurité. »

Donner l'exemple. Mettre soi-même un casque quand nous montons à vélo. Montrer l'exemple est crucial quand on désire qu'un enfant adopte un certain comportement.

Invoquer la loi. Faire allusion à la loi si elle existe dans notre pays : « C'est la loi : tous les conducteurs de deux roues portent un casque. »

Attirer l'attention de notre enfant sur une personne qui ne suit pas la règle/loi. Nous voyons quelqu'un rouler sans casque ? C'est une occasion d'insister sur ce qui pourrait lui arriver si cette personne tombait sans rien pour protéger sa tête.

Citer des faits divers trouvés dans les médias. Si à la télé ou dans les journaux on relate un accident touchant une personne blessée après une chute parce qu'elle ne portait pas de casque, on peut le porter à l'attention de l'enfant.

Féliciter notre enfant quand il suit la règle. Quand il ou elle a le réflexe de mettre son casque sans que nous ayons besoin de le lui rappeler, le souligner renforcera son comportement : « Bravo. Tu évites ainsi de courir des risques. »

C'est en faire un peu trop, croyez-vous ? Eh bien non. Inutile d'enfoncer le clou excessivement, mais si nous tenons à inculquer à notre enfant une règle de sécurité, une démarche scrupuleuse et décidée nous y aidera. Inutile d'espérer ou de supposer que notre enfant portera son casque juste parce que nous l'exigeons. Il est en âge d'aller à l'école ? Après l'avoir habitué à porter un casque depuis tout petit, nous pouvons faire appel à son intelligence et lui expliquer les raisons qui motivent cette règle. Attention, douceur et fermeté sont garantes du succès.

Malgré cette démarche cohérente et aimante, un enfant peut défier la règle et s'opposer encore. Non en raison de notre intransigeance, mais juste parce qu'il est poussé à agir ainsi par les impératifs de sa croissance. Les parents ont parfois du mal à comprendre pourquoi un enfant se mettrait en danger juste par goût du défi, c'est pourtant le cas. D'autres résistent aux règles énoncées juste parce qu'ils sont tout simplement trop jeunes et n'ont pas encore acquis la maturité, le jugement ou l'expérience nécessaires pour évaluer les risques et les bienfaits de chacun de leurs actes.

Inculquer des valeurs sans conflit de pouvoir

Comme les questions de sécurité, certaines valeurs familiales ne sont pas non plus négociables. Si l'exercice physique est important pour des parents, ceux-ci tiendront à ce que leurs enfants pratiquent un sport. Si c'est plutôt la lecture et la culture, lire avant de se coucher sera le rituel du soir plutôt que de regarder la télé. Si c'est le fait d'être ensemble, les parents auront pour priorité que la famille se retrouve chaque soir et ils s'y tiendront à mesure que leurs enfants grandiront.

Les dîners en famille étaient importants pour la famille Bernard. Malgré des emplois du temps chargés et des métiers exigeants, les deux parents tenaient à ce que tous se réunissent chaque soir au moment du dîner. Quand leurs enfants étaient tout petits, maman et papa les tenaient chacun sur leurs genoux pendant qu'ils mangeaient. Puis, ils les installèrent sur des sièges bébés au moment du repas familial. Petits, les enfants ne mangeaient pas autant que les adultes, mais ils devaient rester à table pendant au moins cinq minutes.

Quand ils furent en âge d'aller à l'école, le rituel du dîner pris en commun était bien établi. Lorsque les enfants leur demandaient pourquoi il était si important de manger ensemble, les parents répondaient :

« C'est le seul moment de la journée où nous pouvons être ensemble et sentir combien c'est précieux de former une famille. La présence de chacun compte ; chacun apporte quelque chose d'unique, qui a du sens. Quand l'un de nous n'est pas en mesure de nous rejoindre pour le dîner, son absence est remarquée. C'est un vrai moment de partage et tandis que la famille discute, échange des nouvelles, chacun mange généralement selon ses besoins. » Les parents savaient expliquer clairement le bien-fondé de leur exigence. Une fois tout le monde assis autour de la table, chaque personne avait l'occasion de s'exprimer, d'être écoutée, et apprenait ainsi que sa présence comptait pour les autres.

Plus tard quand ils seront adolescents, les enfants Bernard risquent de contester cette valeur familiale. Pourtant, leurs parents savent que ce rituel est si bien ancré dans la vie familiale que la contestation ne sera probablement que temporaire, et qu'aucun conflit d'autorité ne s'ensuivra. Si les Bernard avaient attendu que leurs enfants aient dix ou douze ans pour instaurer l'habitude du dîner pris en commun, ils auraient eu beaucoup plus de mal à imposer ce rituel.

Tenir bon quand notre enfant perd le contrôle de lui-même

Les jeunes enfants n'ont pas encore tout à fait acquis la capacité de se maîtriser et perdent parfois tout contrôle sur eux-mêmes. Notre rôle est alors d'intervenir pour leur apporter cette maîtrise qui leur fait défaut en les contenant physiquement. Pas question de transiger quand il s'agit de stopper un comportement agressif ou violent.

Quand les jeunes enfants sont empêchés de faire ce qu'ils veulent ou ont l'habitude de faire, ils se comportent parfois violemment. Or, nous vivons en société et les actes violents ne sont pas tolérables. Il incombe au parent de faire preuve de fermeté pour mettre fin à tout comportement destructeur.

Les enfants entre deux et cinq ans peuvent montrer une certaine agressivité quand un parent refuse qu'il mange un énième cookie, ou quand un copain lui prend un jouet des mains. Mieux vaut ne pas se contenter d'espérer que l'enfant abandonne ce comportement en grandissant et lui enseigner dès le plus jeune âge à contenir ses pulsions.

Frapper, donner des coups de pied, jeter des objets sur les autres ou les mordre entraînera une intervention immédiate : « Je ne te laisserai pas faire du mal aux autres. » L'enfant petit n'ayant pas encore la possibilité de contrôler son impulsion, le parent intervient physiquement et joint le geste à la parole en l'entraînant gentiment loin de la scène dans une autre partie de la maison ou au-dehors. Mieux vaut éviter de le prendre en face de soi ou de le regarder dans les yeux, car une attention trop soutenue renforce involontairement les actes perturbateurs.

L'objectif est de lui enseigner à se calmer et non de le punir. Il a besoin de notre aide pour cela, nous resterons donc avec lui jusqu'à ce qu'il s'apaise. S'il s'en prend à nous, il nous faudra peut-être nous isoler avec lui un moment dans un endroit sûr pour mieux le contenir. Notre présence ferme et sécurisante lui est nécessaire pour l'aider à se reprendre et tempérer les sentiments de colère et de frustration qu'il éprouve de ne pas voir ses besoins et ses désirs immédiatement satisfaits.

Notre attitude ne doit pas être vécue comme dure mais claire, apaisante, rassurante et décidée. Nous voulons aider notre enfant à se reprendre et non pas ajouter à la tension du moment en lui donnant une fessée ou en lui criant dessus. Plus le parent sera calme, plus vite l'enfant se calmera et apprendra peu à peu à se calmer lui-même. C'est à nous de veiller à la sécurité de tous. Il se sentira sécurisé lui aussi par cette fermeté. D'autant que nous l'assortirons d'une égale quantité de tendresse.

Certains enfants sont par nature plus sensibles, plus réactifs et donc recourront davantage que d'autres à l'agression. Le nôtre aura peut-être besoin de plus d'énergie et d'engagement de notre part pour maîtriser ses impulsions. Quel que soit le degré d'agressivité, le défi est de rester calme et posé(e) dans toute intervention. Sans oublier qu'il a aussi besoin d'aide pour apprendre à résoudre les problèmes sans faire mal aux autres ni casser des objets.

Règles

Carine, la fille de Jean-François, n'a que neuf ans mais elle aime bavarder longuement au téléphone et faire ses devoirs devant la télévision. Cependant ses résultats scolaires chutent. Aussi son père a-t-il établi cette règle : pas de téléphone ni de télé entre dix-neuf et vingt heures en semaine. La première fois que Carine apprend cette règle, elle éclate « Ce n'est pas juste. Mes émissions préférées passent justement à cette heure-là. Et mes amies ne peuvent pas parler avec moi passé huit heures du soir. Cette nouvelle règle est stupide. Tu es méchant ! »

Malgré ses plaintes et ses arguments, son père s'en tient à cette règle. Il permet à Carine d'enregistrer ses émissions préférées et ne s'inquiète pas du fait qu'elle ne pourra joindre ses copines après vingt heures. Trois jours plus tard, Carine s'est adaptée à cette règle, qui perdurera tout au long de ses études secondaires. Manifestement la démarche intransigeante de son père a payé. Son attitude en matière d'éducation était moins stricte dans d'autres domaines, mais la télé et le téléphone nuisaient aux études de sa fille, qui étaient pour lui une priorité.

Si nous souhaitons instaurer une règle, assurons-nous qu'elle soit précise, claire, raisonnable et applicable. Attention à ne pas instaurer trop de nouvelles règles en même temps. Plaintes et suppliques accompagneront l'adaptation des enfants. Si nous restons clair(e) sur ce que nous voulons sans jamais nous énerver et que nous n'attendons pas de notre enfant qu'il accepte la mise en application de cette nouvelle règle sans rechigner, elle finira par s'intégrer naturellement à la vie quotidienne. Établir des règles selon la procédure suivante évite d'entrer dans un rapport de force.

Comment établir une règle

1. Établir une règle à la fois et qui soit applicable.
2. L'énoncer clairement.
3. Utiliser un ton neutre et détaché en l'énonçant, quel que soit le nombre de fois où nous sommes amené(e) à la répéter.
4. Être d'une grande constance dans l'application de cette règle.
5. Ignorer réactions disproportionnées ou arguments hors de propos.

5. Choix, négociation et compromis

Proposer des choix, transiger et négocier pour arriver à un compromis est la seconde option pour résoudre un conflit d'autorité. Nous conservons ainsi du pouvoir et de la maîtrise tout en en octroyant une partie à notre enfant. L'éducation implique le transfert progressif du contrôle parental vers l'enfant à mesure qu'il grandit. Si au beau milieu d'une opposition, nous parvenons à reculer, transiger ou négocier, nous jouons notre rôle dans l'éducation de notre enfant. Nous garderons chaque fois, vraisemblablement, une portion raisonnable de contrôle tout en désamorçant le conflit d'autorité.

Nous pouvons recourir à cette option de plusieurs manières :

- Proposer des choix, négocier ou trouver un compromis au pied levé.
- Aider notre enfant à progresser en lui ouvrant des possibles et en proposant une série de choix.
- Établir un programme d'incitation en lui proposant une alternative : faire quelque chose et en obtenir la récompense ou ne pas le faire et donc ne pas être récompensé.
- Proposer des choix menant à différentes conséquences.
- Parvenir à un compromis en bonne et due forme à travers des négociations.

Désamorcer un conflit de pouvoir au pied levé

Tant de rapports de force surgissent sans prévenir et nous prennent au dépourvu à un moment inopportun. Quand le parent y est confronté, il évitera souvent une guerre ouverte en parvenant avec adresse à passer du stade réactif à un état plus posé à partir duquel il ouvre une alternative, engage une négociation ou propose un compromis.

CHOIX, NÉGOCIATION ET COMPROMIS

Conflit autour des chaussures

Éric est bien surpris quand un lundi matin, sa fille Salomé, âgée de cinq ans, refuse tout à coup de mettre ses chaussures avant d'aller à la maternelle. « Je ne vais pas mettre mes chaussures et je ne vais pas non plus à l'école. » Or Salomé était toujours allée à l'école de bon cœur. Pourquoi cette soudaine révolte ce matin-là particulièrement ?

Qui sait ? Les enfants ont un fort besoin d'autonomie, et ce matin-là, Salomé a choisi les chaussures et l'école pour s'affirmer ; elle a engagé un conflit de pouvoir de forme classique. Son père tente d'abord de tenir bon. Il défie Salomé : « Tu vas à l'école et tu mets tout de suite tes chaussures. » Il oblige Salomé à enfiler ses chaussures, mais voilà qu'elle les envoie valser d'un air de dire : « Alors, qu'est-ce que tu comptes faire maintenant ? »

Résolution du conflit autour des chaussures

Le premier élan du père est de crier et de forcer Salomé à remettre ses chaussures. Pourtant il se retient en réfléchissant : « Je suis un adulte responsable. Je peux gérer cette situation calmement. Je ne vais pas forcer les choses maintenant. Je vais répéter à ma fille ce que j'attends d'elle, puis m'éclipser. » Il prend une profonde inspiration et déclare posément à sa fille : « Nous partons dans dix minutes pour l'école, il faut que tu mettes tes chaussures. » Puis il s'éloigne.

Souvent, tout ce dont il y a besoin avec les enfants, c'est d'un peu de temps. Peut-être était-ce juste pour Salomé une manière de dire : « Je ne veux pas t'obéir tout de suite, mais si tu m'accordes deux minutes, je pourrais changer d'avis. » Mais non, ce matin-là Salomé se braque et, dix minutes plus tard, elle n'a toujours pas mis ses chaussures. Si son père n'avait pas ajouté : « Il faut que tu mettes tes chaussures », elle aurait peut-être mis à profit les dix minutes pour choisir de les enfiler. Mais à cause de cette petite phrase, elle n'avait pas encore gagné suffisamment de liberté à son goût.

Éric décide de lui proposer un choix : non pas celui de se chausser ou non, mais de comment se chausser. « Tu peux mettre tes bottes ou tes chaussures pour aller à l'école, à toi de décider. » Opérer des choix donne aux enfants un sentiment de pouvoir et de maîtrise sur la situation qui les incite à suivre le mouvement au lieu de résister. Malheureusement pour Éric, sa proposition venant un peu tard, Salomé s'obstine. « Je ne vais mettre ni mes bottes ni mes chaussures, rien à faire. » Plus le parent se sera engagé dans le jeu de pouvoir, plus il aura à donner de liberté pour sortir de l'ornière.

Éric se raisonne encore : « Bon, je commence à être à court d'idées, mais je vais encore lui proposer une alternative. » Et il annonce à sa fille : « Nous partons pour l'école. Tu peux y aller avec tes chaussures ou pieds nus. » Salomé ne bouge pas, aussi les met-il, elle et ses chaussures, dans la voiture. Évidemment, Salomé était un peu embarrassée d'arriver à l'école sans chaussures, aussi, dès que son père a quitté l'école, elle les a rapidement enfilées.

Salomé et son père ont chacun gagné quelque chose. Le père parce que Salomé a été à l'école comme d'habitude. Et Salomé parce qu'elle a décidé si oui ou non elle allait mettre des chaussures. Dans tout rapport de force, cela marche mieux si les deux camps peuvent en sortir victorieux. Pourquoi cette affaire de chaussures et d'école comptait-elle tant pour Salomé ? Pourquoi n'a-t-elle pas juste enfilé ces sacrées chaussures et n'est-elle pas montée en voiture comme d'habitude ? Cela demande tellement de temps et d'énergie de se battre. Pourquoi ne pouvait-elle pas obéir, tout simplement ?

Eh bien, Salomé voulait avoir plus d'autonomie sur sa vie, et ce matin-là, elle a pris les chaussures comme enjeu et l'école comme arène pour vérifier combien de pouvoir et de maîtrise elle pouvait extorquer à son père. Éric a commencé à s'engager dans le rapport de force, puis a tenté d'offrir des choix. Il a finalement recouru au compromis pour éviter un jeu de pouvoir qui aurait pu perdurer et devenir une partie négative de la routine matinale. Quant à Salomé, elle a découvert qu'elle pouvait décider de mettre ou non des chaussures, mais qu'elle irait de toute façon à l'école, que cette décision-là ne lui revenait pas.

Aider notre enfant à progresser en lui ouvrant la voie

Petits, les enfants n'ont pas encore la capacité d'anticiper ni de s'organiser en fonction d'un programme. L'immaturité de leur cerveau ne leur permet pas encore d'inhiber leur impulsivité. Ils veulent satisfaire immédiatement leurs désirs. Il incombe aux parents d'aider leurs enfants à réfréner leurs actes impulsifs en les aidant à réfléchir aux situations avant d'agir. Plutôt que de s'engager dans un rapport de force, les parents peuvent profiter de la situation pour développer chez leur enfant ses capacités de résoudre des problèmes. Ils peuvent notamment lui ouvrir des perspectives et lui permettre de mieux comprendre les enjeux d'une situation par les questions qu'ils lui posent et les choix qu'ils lui offrent.

Conflit autour de la poupée

Grand-mère a fait un voyage en Angleterre et elle en a rapporté une belle poupée avec un visage peint à la main pour sa petite fille. Kim, âgée de sept ans, veut emporter son précieux cadeau à l'école. Laura, sa mère, la met en garde : « La poupée peut se salir et s'abîmer. Tu risques même de la perdre. »

Malgré la mise en garde de sa mère, Kim est décidée à emporter sa poupée à l'école. Un jeu de pouvoir s'installe. « Tu ne traites pas bien ton cadeau, dit maman, furieuse. Ta grand-mère a rapporté cette précieuse poupée d'Angleterre, et maintenant tu la prends pour l'école en risquant de l'abîmer. Pourquoi ne pas la laisser à la maison comme je te l'ai déjà dit ? »

« C'est ma poupée, riposte Kim, j'ai le droit d'en faire ce que je veux. » Le soir, Kim fourre la poupée dans son sac à dos avec ses affaires de classe. « Emporte cette poupée à l'école, ça m'est égal ! lui lance sa mère. Mais réfléchis bien à ce que tu diras à grand-mère quand tu devras lui annoncer que ta poupée est cassée. J'aurais dû te la confisquer. Tu n'es manifestement pas assez grande pour t'en occuper comme il faut. »

Résolution du conflit autour de la poupée

Le lendemain matin, Laura se sent mal à l'aise ; elle est consciente d'avoir dévalorisé sa fille et sait qu'elle a détérioré leur relation en se laissant aller à son exaspération. De plus, elle n'est pas certaine d'avoir bien fait de laisser Kim agir à sa guise en assumant seule les conséquences de son geste. La vie fournit assez de désillusions aux enfants pour qu'on n'augmente pas encore les risques d'échec. Jusque-là Kim n'a jamais eu d'objet précieux à emporter et à rapporter de l'école. Si la poupée était abîmée, Kim serait très contrariée. Sa mère veut éviter à sa fille d'éprouver des sentiments d'échec et de culpabilité si par malheur cela arrivait. Il serait préférable de l'aider à se préparer pour que l'expérience se termine bien.

Le but de Laura est donc d'ouvrir des horizons à Kim, de tout à la fois protéger la poupée et enseigner à sa fille à prendre soin d'un objet précieux.

Le lendemain matin, Laura aborde sa fille autrement. « Kim, je me rends compte que tu tiens vraiment à emporter ta poupée à l'école. J'y ai réfléchi et contrairement à ce que je t'ai dit hier sous le coup de la colère, j'estime que tu es assez grande pour ça. En revanche, je ne trouve pas que ce soit une bonne idée de la fourrer dans ton sac sans autre protection. Tu veux bien qu'on réfléchisse ensemble à une autre façon de l'emmener et de la ramener de l'école en toute sécurité ? » Comme Kim acquiesce avec joie, Laura lui pose alors des questions et l'amène à réfléchir à la situation :

« Préférerais-tu l'emporter dans un carton ou dans ce cabas ? »

« Quand tu iras à l'école, où peux-tu la ranger en arrivant pour qu'elle soit à l'abri jusqu'au moment où tu voudras la montrer en racontant d'où elle vient ? Sur le bureau de la maîtresse ou bien dans ton casier ? »

« Vas-tu la faire passer de main en main dans toute la classe pour que tes camarades puissent la voir de près et la toucher, ou bien vas-tu la tenir toi-même et la montrer aux autres pour qu'elle ne risque pas d'être abîmée ? »

Chacune de ces options est bien sûr acceptable. Mais chaque choix aide Kim à se sentir maîtresse de la situation et responsable de sa poupée.

En lui posant ces questions, Laura aide Kim à anticiper et à gérer non seulement le transport de la poupée jusqu'à l'école mais aussi ce qui se passera dans la classe. Même s'il arrivait malheur à la poupée, Kim saura qu'elle aura fait de son mieux pour l'éviter.

Avant le départ, Laura revoit le plan avec sa fille et la valorise. « Bon, Kim, tu es prête à emporter ta poupée à l'école, elle est bien à l'abri dans le cabas.

Ton plan, c'est de la ranger dans ton casier dès que tu arriveras à l'école. Tu as décidé de ne pas la faire passer de main en main ; tu la tiendras toi-même et feras ainsi le tour de la classe pour que tout le monde puisse la voir. C'est un très bon plan. »

Sur ce, elle l'avertit : « Ça vaut le coup d'emporter ta poupée pour la montrer en classe. Mais, s'il te plaît, souviens-toi que tu ne peux pas tout prévoir ni tout contrôler. Des élèves peuvent la sortir en douce du cabas et se la lancer à travers la salle de classe. Tu peux par accident lâcher le sac dans une flaque de boue. J'espère que cela ne se produira pas, parce que tu serais triste, mais souviens-toi que ça peut arriver. Le risque existe toujours. Tu as décidé de prendre ce risque et je suis fière de toi et de ton plan. Maintenant, vas-y... Bonne route et bonne journée. »

Laura se sent bien mieux et elle a restauré la relation avec sa fille. Elle l'a aidée à établir un plan susceptible d'éviter un échec ou de mauvaises surprises, un plan dont Kim tient les rênes. Elle n'a pas tenté de contrôler la situation en interdisant à sa fille d'emporter la poupée à l'école, mais elle n'a pas non plus déclaré forfait en laissant Kim l'emporter sans précaution.

Nous ne pouvons pas toujours préserver nos enfants des déceptions et petites misères que la vie leur réserve, mais nous pouvons les accompagner sur la voie de la compétence en leur enseignant à anticiper, en leur proposant des choix judicieux qui les rendent maîtres des situations, les aident à se préparer et à s'organiser.

Les incitations favorisent le choix

Une autre option pour mettre fin au rapport de force, c'est de proposer un choix associé à une incitation. Comme chacun sait, les conflits de pouvoir peuvent vite s'enraciner dans le quotidien jusqu'à faire partie intégrante de la relation. Offrir à un enfant de travailler pour l'obtention d'une récompense ou non le place en charge de la situation. Le parent espère que, durant l'effort qu'il fournira, l'enfant acquerra une nouvelle habitude, ce qui l'amènera à changer de comportement et mettra ainsi terme au conflit de pouvoir quotidien. Le programme incitatif dépersonnalise la situation. Ce n'est plus un problème entre lui et nous, la situation est désormais entre ses mains et il a le pouvoir de choisir. Il peut gagner le prix de ses efforts, ou non.

Un programme d'incitation est limité dans le temps. Dès que la nouvelle habitude est acquise, le parent y met fin. La démarche a plus de chance d'aboutir si les parents ne s'attaquent qu'à un seul comportement à la fois. Un système de récompense peut s'adapter à de nombreuses situations, mais il importe de ne pas en abuser. Plusieurs récompenses pour différents comportements en même temps mèneront à de la confusion et de la frustration, tant pour l'enfant que pour le parent. Et même s'il se montre efficace dans certaines situations coincées, le système de récompense a des inconvénients sur le long terme. Il est à utiliser très ponctuellement et avec parcimonie. Pas question d'en faire un usage systématique.

Pour la réussite de cette méthode, il est essentiel que le parent conserve une attitude neutre et détachée. Il est pertinent et utile de rappeler gentiment à l'enfant le choix auquel il s'est engagé, mais toute réaction émotionnelle de la part du parent risque de renforcer le comportement négatif de l'enfant. En règle générale, pour favoriser l'émergence de comportements positifs, mieux vaut éviter nos éclats de colère.

Conflit autour des tâches ménagères

Le samedi matin, au moment des tâches ménagères, Kevin, huit ans, traîne des pieds, rechigne, et met des heures pour vider la corbeille à papier, ôter les draps de lit et passer l'aspirateur dans sa chambre. Sa mère commence par

le secouer gentiment, puis elle s'énerve et lui crie
« Allons, exécution ! » Elle a bien tenté de l'inciter à
effectuer sa part de travail en lui disant que plus vite
il aurait fini, plus tôt il serait libre d'aller jouer dehors,
mais inévitablement, c'est elle qui termine de ranger la
chambre de son fils. Elle voudrait changer cette
mauvaise habitude. Elle sait que Kevin est tout à fait
capable d'accomplir sa part de corvées, pourtant il s'y
refuse, aussi décide-t-elle d'essayer autre chose.

Résolution du conflit autour des tâches ménagères

Un jour, une occasion se présente. Kevin demande à sa mère de lui acheter un vaisseau spatial en Lego®. Kevin sait que c'est cher, mais il meurt d'envie de relever le défi et d'assembler les pièces. Sa mère lui propose un marché : « Je sais que tu as très envie de ce vaisseau en Lego®. Quant à moi, j'ai très envie que tu finisses de ranger ta chambre avant midi chaque samedi matin. Quand tu le feras sans rechigner, tu recevras un autocollant. Et tu auras droit à ton Lego® contre six autocollants. »

La mère de Kevin parie qu'au fil du processus, son fils acquerra l'habitude de ranger sa chambre dans un temps donné et se rendra compte que ces corvées n'étaient pas aussi pesantes qu'il le croyait.

C'EST MOI QUI DÉCIDE !

Mais, les enfants ne devraient-ils pas ranger leur chambre sans qu'on ait besoin de leur promettre une récompense ? Certes. Malheureusement, Kevin et sa mère se retrouvent tous deux coincés dans un conflit de pouvoir dont ils ne parviennent pas à sortir, et qui se répète chaque samedi matin. Or il faut que la situation évolue, et l'incitation est pour cela une méthode possible. Kevin a le choix : ranger et nettoyer sa chambre avant midi et recevoir dans quelque temps le Lego®, ou bien rechigner, remettre à plus tard, et se priver tout simplement du jouet dont il a tellement envie. Cela ne dépend plus que de lui. Sa mère est maintenant hors du coup.

Cependant, si sa mère ne peut s'empêcher de continuer à s'énerver contre lui, mieux vaut renoncer tout de suite à cette méthode. Car s'il existe de nombreuses techniques pour résoudre des conflits de pouvoir, aucune ne marche si le parent ne parvient pas à garder son calme.

Chaque samedi matin, la mère de Kevin procède de la manière suivante :

Maman : « Kevin, rangement et nettoyage de ta chambre d'ici midi ! »

Kevin : « Oui, oui, je sais. »

Maman : « Tu te souviens de notre marché, n'est-ce pas ? Si tu as fini avant midi, tu auras ton autocollant cette semaine. »

CHOIX, NÉGOCIATION ET COMPROMIS

Et jusqu'à midi, elle ne revient pas là-dessus. Si Kevin a accompli sa tâche du samedi matin, elle dit juste : « Whouah ! Voici ton autocollant de la semaine. » S'il n'a pas terminé à midi, elle se contente de remarquer : « Il est midi, ta chambre n'est pas rangée donc pas d'autocollant cette semaine. Tu pourras rattraper ça la semaine prochaine. » Si Kevin proteste et pleurniche, elle compatit : « Je sais bien que tu es déçu de ne pas avoir gagné ton autocollant. Mais ne t'en fais pas, ce n'est que partie remise. » Puis elle termine de ranger et nettoyer la chambre. Pourquoi devrait-elle faire ça à la place de son fils, me direz-vous ? Rappelons-nous que son but est d'obtenir de Kevin qu'il fasse sa tâche chaque samedi matin en un temps donné. Plutôt que d'essayer de l'y forcer, ce qui ne la mènerait nulle part, elle l'a placé devant un choix : accomplir la tâche, recevoir un autocollant et finir au bout du compte par gagner le prix de ses efforts, ou bien ne pas terminer les tâches qui lui reviennent dans le temps imparti, ne pas recevoir d'autocollant, et donc différer son acquisition du Lego® tant convoité.

Logiquement, s'il choisit de ne pas accomplir ses tâches, c'est à sa mère de les effectuer à sa place. C'est le marché. Quand nous lui donnons le choix, nous devons nous préparer à ce que notre enfant choisisse l'une ou l'autre des options proposées et à en assumer les conséquences.

Il ne serait pas juste d'infliger à Kevin une punition supplémentaire en le privant de télévision, par exemple, ou en l'empêchant d'aller jouer dehors, puisque cela ne faisait pas partie du marché initial. La conséquence prévue de son inaction, c'est qu'il retarde ainsi l'acquisition du vaisseau spatial qu'il désire tant assembler. Le succès de cette méthode d'incitation dépend de l'attitude de la mère, qui doit garder son calme, et de l'intérêt de Kevin pour le prix. Il peut choisir la voie négative, à savoir ne pas faire ses corvées et ne pas recevoir le vaisseau. S'il en est ainsi, sa mère devra trouver un autre moyen d'atteindre son but.

Les règles fournissent des alternatives

Établir une règle assortie de conséquences est une autre méthode pour mettre fin à des conflits de pouvoir. Quand l'adulte fixe une règle, il en énonce clairement les raisons et explicite aussi les conséquences d'une transgression. Une règle établie offre une alternative à l'enfant, deux conséquences sont possibles : l'une positive, l'autre négative. Par exemple, s'il suit la règle, il peut continuer une activité de son choix. Dans le cas contraire, une conséquence beaucoup moins plaisante s'ensuit. Le choix lui en revenant.

Une grande proximité avec l'enfant est la clef de l'efficacité quand nous lui redisons la règle et lui rappelons ses choix. Toute distance du parent risque d'être interprétée comme une prise de pouvoir. Il s'agit d'éduquer et non de menacer. Une conséquence n'est en aucun cas une punition. Et c'est en restant affectivement proche de l'enfant que nous marquons la différence. Généralement, il faut compter dans les trois jours pour que le nouveau comportement devienne une habitude, à condition toujours que le parent garde son calme et applique la règle avec constance.

Souvenons-nous que, lorsque nous donnons le choix à notre enfant entre deux options, c'est un vrai choix. Nous aurons donc à assumer celle qu'il choisira, même s'il s'agit de la conséquence déplaisante. Les enfants sont contraints de mettre toute nouvelle règle à l'épreuve. Notre rôle est de poursuivre et de les laisser faire leur expérience. Ils se rallient généralement à notre point de vue quand ils comprennent qu'ils ne déclencheront pas la fureur parentale.

C'EST MOI QUI DÉCIDE !

Conflit autour du cartable

Chez les Renaud, le père aurait aimé avoir enseigné à ses garçons, dès leur entrée en maternelle, à ranger leurs affaires de classe au retour de l'école. Mais il ne l'a pas fait et ils ont maintenant cinq, sept et neuf ans. Depuis des années, à chaque retour d'école, il s'est senti furieux en voyant ses fils bondir à l'intérieur de la maison, laisser tomber manteaux et sacs dans l'entrée pour se ruer sur le réfrigérateur, puis devant la télévision.

Depuis son fauteuil, leur père leur crie de ranger leurs affaires. Il lui arrive même parfois de les traiter de sagouins et de les accuser de manque de considération. Les garçons l'ignorent. Un peu plus tard, papa finit par ranger lui-même ce qui traîne. L'épisode installe un climat tendu pour le reste de la soirée.

C'est encore un classique dans les jeux de pouvoir. Les garçons ne rangent pas leurs affaires, cela fait partie de leur routine quand ils rentrent à la maison. Le père croit pouvoir les faire changer d'habitude en leur criant dessus. Malheureusement, il n'a pas réalisé que ses fils considèrent inconsciemment ses cris de colère comme une étape normale et prévisible de leurs retours d'école.

Résolution du conflit autour du cartable

Le père établit une nouvelle règle assortie de conséquences. Au retour à la maison après l'école, la télé s'allume et le réfrigérateur s'ouvre dès que les garçons ont suspendu leurs manteaux et leurs sac à dos aux crochets prévus à cet effet et posé leurs boîtes à sandwichs sur le comptoir de la cuisine.

À présent qu'une nouvelle règle est en place, les garçons ont le choix : ils peuvent ranger leurs affaires, se préparer un goûter et regarder un peu la télé, ou bien laisser leurs affaires sur le sol et sauter goûter et télé. Leur père impose cette règle en expliquant ses raisons :

- Manteaux, sac à dos et boîtes à sandwichs sont de la responsabilité des garçons, pas de la sienne ;
- Ranger les affaires contribue à l'organisation et au fonctionnement général de la maison ;
- Le soir à l'heure des devoirs, puis le lendemain au moment de partir pour l'école, les garçons retrouveront plus facilement leurs affaires si elles sont correctement rangées.

Papa aussi modifie son comportement. Chaque retour d'école, il vient accueillir ses garçons à la porte, les saluer et leur rappeler la nouvelle règle ainsi que le choix qu'ils ont à faire. Au bout de trois jours, deux des garçons ont vite rangé correctement leurs affaires et se sont dirigés vers le frigo puis la télé. Ce changement de comportement s'est effectué rapidement car le père est sorti de son fauteuil, est venu jusqu'à la porte à la rencontre de ses enfants et leur a rappelé la règle avec patience et chaleur. Ce rappel et surtout la présence physique du père les accueillant à l'entrée ont aidé à changer la routine et à orienter les garçons vers le choix espéré.

Cependant, Jason, l'aîné, furieux contre cette règle, a décidé d'en faire des tonnes. Il laissait tomber ses affaires dans l'entrée et filait directement dans sa chambre. Son père a accepté son choix. (Souvenons-nous que lorsqu'on donne le choix, on doit être prêt à en assumer toutes les conséquences.) Mais il s'est avéré que Jason n'a choisi cette option indésirable que quelques jours ; en l'absence de réaction émotionnelle de la part de son père, il s'est rapidement rangé à la nouvelle règle comme ses frères.

Parvenir à un compromis par une négociation formelle

Certains conflits de pouvoir peuvent se résoudre par la négociation. Tous les membres de la famille impliqués dans le problème participent alors au processus, qui peut être initié soit par le parent, soit par l'enfant. La première étape consiste à identifier clairement le problème. Voici comment procéder :

Identifier le problème. Même si tous dans la famille se rendent compte qu'il y a un problème, chacun peut le voir et le vivre différemment. Avant de tenter de le résoudre, il est important que chacun énonce aussi clairement que possible comment il perçoit la situation et en quoi elle lui pose problème.

Prendre des notes. Cela fonctionne mieux si un membre neutre de la famille prend des notes. Il est facile d'oublier les détails d'un accord, aussi, quand l'un des présents a pris la peine d'inscrire les idées et décisions, l'écrit est là pour rafraîchir la mémoire de tous. Prendre des notes est utile même pour les négociations avec les plus petits qui ne savent ni lire ni écrire. Outre que cela aide le parent à prendre de la distance, cela confère du sérieux à la négociation et les enfants se sentent vraiment pris en compte puisque leur avis est inscrit sur le papier.

Échange d'idées. Le principe du « brainstorming » ou remue-méninges, c'est que personne n'a le droit de critiquer ni de dénigrer l'idée de quelqu'un d'autre, même si elle semble provocante, excessive ou déplacée. Chaque personne est encouragée à trouver une solution créative susceptible de résoudre le problème. Le preneur de notes inscrit à mesure toutes les idées qui jaillissent au cours de la séance.

Passer les idées en revue. Une fois que toutes les idées ont été inscrites, les participants les passent en revue en essayant de trouver une ou plusieurs solutions au problème. La solution définitive devra être acceptable par tous. Si une solution est jugée inacceptable par l'une des personnes impliquées, elle est écartée.

Décider quelle idée nous avons tous envie d'essayer. Il est essentiel de parvenir à un accord qui fasse l'unanimité. Si une solution ne peut être trouvée entre toutes les parties, mieux vaut reporter le problème au lendemain. Cela permet à chacun de réévaluer les options qui s'offrent à lui. Une fois la solution convenue, le preneur de notes l'inscrit noir sur blanc pour que chacun puisse s'y référer par la suite. Les parties impliquées signent « bon pour accord ». Il est toujours étonnant pour les parents qui se sont beaucoup battus avec eux sur les mêmes sujets de voir combien les enfants respectent volontiers ces écrits et même veillent ensuite à ce que la solution soit appliquée par tous.

Conflit autour des posters

Tom, dix ans, fait cette simple demande : « Puis-je afficher quelques posters dans ma chambre ? » Sa mère se contente de répondre : « Non, nous venons juste de repeindre les murs. Et puis je déteste les posters. C'est moche, ça se déchire, et quand on les enlève du mur, le scotch écaille la peinture. » Malgré sa déception, Tom, obéissant, accepte sans rechigner le refus de sa mère.

En fait, il avait envie de devenir un peu plus autonome, d'avoir davantage d'emprise sur sa propre vie. Décorer et arranger sa chambre selon ses goûts était l'occasion rêvée. Mais sa mère a coupé court à cet élan.

Cette mère autoritaire commande dans la famille et chacun le sait. La plupart du temps, cela marche bien, car elle est solide et fiable. Mais en l'occurrence, Tom faisait une demande raisonnable, pourtant elle s'est montrée intransigeante envers lui.

Elle n'a pas compris que la requête de Tom partait d'un besoin naturel d'indépendance, elle a réagi machinalement, selon le mode d'éducation un peu rigide qu'elle avait adopté. Elle n'a pas pris la peine de se mettre à la place de Tom pour mieux saisir son point de vue.

Qu'arrive-t-il ensuite ? Tom devient maussade, boudeur. Lui qui était si agréable n'en fait plus qu'à sa tête. Quand sa mère lui demande de vider la poubelle, il répond : « Non, je ne veux pas et tu ne peux pas m'y forcer. » Puis il enfourche son vélo et s'en va.

Sa mère n'en revient pas. C'est la première fois que Tom agit de la sorte. Qu'est-ce qui lui prend ? Cette situation entre Tom et sa mère n'est pas une vraie déclaration de guerre, mais une autre forme de conflit de pouvoir : lorsqu'un enfant ne reçoit pas la dose de maîtrise qu'il désire de façon positive, il cherche à l'obtenir de façon négative. Sa mère a refusé à Tom la maîtrise positive qu'il demandait, aussi l'obtient-il en refusant de rendre les services ordonnés par sa mère.

Ce côté belliqueux, nouveau chez Tom, n'est pas conscient. Tom ne se dit pas : « Puisque maman ne m'a pas permis de faire ce que je voulais, alors je ne ferai pas ce qu'elle veut. » Ce n'est pas ainsi que fonctionne le besoin d'autonomie. Quand naît chez un enfant le besoin de gagner plus d'indépendance et que le parent est incapable de lâcher du lest, l'affrontement est une conséquence naturelle.

Résolution du conflit autour des posters

Alors, quelle attitude adopter ? Dans ce cas, la négociation sera la solution la plus appropriée. La première étape, c'est d'identifier clairement le problème : Tom veut mettre des posters sur les murs de sa chambre ; sa mère ne veut pas en entendre parler, pourtant elle voudrait que le comportement de son fils s'améliore. Seuls Tom et maman sont impliqués dans ce conflit. Maman provoque une réunion. Tom et elle s'assoient ensemble pour trouver un compromis. C'est papa qui prend les notes.

Voici les idées qui sortent du brainstorming entre Tom et maman :
- Pas de posters du tout
- Un poster sur le mur
- Des posters recouvrant un mur entier comme du papier peint
- Quelques posters posés avec un adhésif spécial qui n'abîme pas la peinture
- C'est maman qui met et qui enlève les posters
- C'est Tom qui décide où et combien de posters il veut mettre dans sa chambre
- Uniquement des posters de sport ; pas de posters de musique

Ensemble ils revoient la liste et écartent les suggestions jugées inacceptables, soit par maman, soit par Tom. Ils conviennent que Tom pourra afficher quelques posters de base-ball sur les murs avec un adhésif spécial, mais c'est maman qui les enlèvera avec soin le moment venu.

Ils parviennent facilement à cet accord. Maman et Tom signent un contrat pour l'officialiser.

Les parents sont quotidiennement amenés à faire des compromis avec leurs enfants, non seulement pour éviter ou résoudre des conflits de pouvoir, mais aussi pour favoriser les progrès et l'indépendance de leurs enfants en leur montrant qu'ils tiennent compte de leurs besoins. C'est sans doute la meilleure façon et la plus facile de résoudre les conflits familiaux. Par la négociation, nous conservons une part de contrôle sur la situation, tout en permettant à notre enfant d'en acquérir suffisamment pour construire sa confiance en lui et ses compétences.

Grâce au processus de négociation, il n'y a ni gagnant ni perdant ; chacun gagne quelque chose et perd quelque chose. Généralement, l'enfant est motivé pour mettre en œuvre la solution puisqu'il a participé au processus de résolution du problème.

Cette technique aide à développer des facultés de réflexion positives chez les enfants, ainsi que de précieuses qualités relationnelles. Habituellement l'hostilité qu'ils manifestaient se dissipe.

Quand rien ne marche

Lorsque nous voulons mettre fin à un conflit de pouvoir, nous pouvons recourir à différentes méthodes : proposer à l'enfant une série d'options qui l'aideront à construire sa pensée et à progresser, établir un programme incitatif ou bien encore lui donner le choix entre deux options aux conséquences soit positive, soit négative. Si toutes ces approches échouent, nous pouvons encore entamer des négociations en bonne et due forme menant à un compromis avec notre enfant. Il est important dans tous les cas de parvenir à conserver un calme olympien tout en explicitant notre plan à notre enfant. En tant que parent, nous avons sans doute les meilleures intentions du monde, pourtant notre enfant rechigne, se révolte et s'installe dans le refus. Il résiste à toutes nos tentatives alors qu'il nous semble que le but fixé, que ce soit faire ses devoirs, ranger sa chambre ou autre, est bien adapté à son âge et à son stade de développement. Nous avons tout tenté, rien ne fonctionne.

Plutôt qu'un conflit de pouvoir déclaré, cette situation tient davantage du tir à la corde. Notre enfant se demande ce que nous allons encore pouvoir inventer. Il tire son côté de la corde, résiste, trouve peut-être que nous cherchons à le manipuler et va jusqu'à saboter notre plan. Cela devient un jeu ; le parent

C'EST MOI QUI DÉCIDE !

essaie de fixer une limite ou un but à l'enfant qui n'en a cure. Le premier le prive de certains privilèges, le second est passif, désagréable, voire hostile. Pourquoi ? Le problème vient peut-être tout simplement du fait que nous n'avons pas suffisamment bien préparé le terrain ni su accompagner notre enfant pour l'aider à réussir dans sa tâche (cf. chapitre 7). Il se peut aussi que la situation soit plus complexe, que ce manque de motivation et d'intérêt chez l'enfant soit dû à un manque de confiance en lui, à du stress ou même à de la dépression.

Quand nous nous heurtons à un mur dans notre processus d'éducation, il se peut que nous devions reculer, reformuler nos attentes, ou encore donner des cours de rattrapage en divers domaines : organisation, rangement, tâches ménagères ou autres. Dans les situations les plus préoccupantes, il peut être utile de faire appel à un coach familial ou à un psychopraticien [1] pour enfant. Et, quand il s'agit des devoirs, d'en

---

1. Tel est le nouveau nom des praticiens en psychothérapies humanistes, le terme de psychothérapeute étant désormais encadré par la loi et désignant des praticiens traitant les désordres psychopathologiques. Dans l'immense majorité des cas, les conflits avec nos enfants ne proviennent pas de pathologies psychiques, mais de difficultés relationnelles que peuvent traiter des thérapeutes de la relation : les psychopraticiens.

parler à l'enseignant, voire de faire donner à notre enfant des cours particuliers.

Dans de telles situations, les parents doivent parfois rectifier le tir en révisant le but qu'ils s'étaient fixé et en changeant de programme. Pour eux, ce réajustement est souvent difficile à accepter, mais nécessaire et bénéfique à long terme pour l'évolution de leur enfant ainsi que pour leur relation avec lui.

Nous savons à présent comment résoudre des conflits de pouvoir par la négociation, le compromis, les choix, et c'est clairement l'option que nous utiliserons le plus fréquemment quand nous rencontrerons en face de nous le désir naturel de pouvoir et d'autonomie de notre enfant. Voici maintenant la troisième option pour résoudre un conflit de pouvoir : lâcher prise.

6. Lâcher prise

Lâcher prise, reculer, permettre : voici la troisième option pour résoudre un conflit de pouvoir engagé avec un enfant. Si nous devons batailler tous les soirs pour que notre fille range ses jouets, nous aurons peut-être envie de lâcher momentanément pour que chacun souffle un peu, laisser s'installer une période de calme et refroidir les esprits échauffés par la bagarre quotidienne. Nous ne renonçons pas totalement, nous calmons juste un peu le jeu en nous retirant. Cela nous donne l'occasion de nous ressaisir, de travailler sur notre relation avec notre enfant. Puis, plus tard, nous pourrons expérimenter une nouvelle approche.

Comment lâcher

Si nous avons fini par prendre conscience que nous attendions trop de notre enfant par rapport à son stade de développement, alors renoncer est en l'occurrence l'attitude la plus sage. Disons par exemple que nous avons tenté à plusieurs reprises d'aller au restaurant en emmenant avec nous notre fille de deux ans, et que cela s'est à chaque fois mal passé. Après plusieurs scènes éprouvantes pour nos nerfs, nous nous sommes rendu(e) compte que nous attendions trop de notre fille, et nous abandonnons la lutte en décidant de n'aller avec elle que dans des restaurants style fastfoods ou ayant prévu un espace pour enfants, de rapporter des plats préparés à la maison, ou encore d'engager une ou un baby-sitter quand nous avons envie d'aller dans un restaurant ne convenant pas à un enfant de cet âge. Plus tard, quand elle aura grandi et que son cerveau sera plus mature, nous retenterons de l'emmener avec nous.

Lorsque nous fixons des règles ou des critères de conduite, il importe bien évidemment d'être constant et cohérent. Se retrouver dans une bataille de volontés avec notre enfant est toujours contre-productif. L'énergie investie dans le conflit l'empêche en fait d'apprendre et de bien assimiler la règle. Un conflit de pouvoir entrave les efforts des parents qui cherchent à

LÂCHER PRISE

inculquer à leur enfant de nouvelles compétences ou à établir une discipline efficace. Dès que nous observons que cela devient le cas, l'attitude juste est de laisser tomber et de faire une pause. En général un répit nous permet de réfléchir à une autre manière de faire. Mais il s'agit de lâcher vraiment, sans s'énerver ni argumenter avec l'enfant, même si nous avons envie de lever les yeux au ciel en poussant des cris hystériques : « C'est ça, laisse traîner tes jouets partout. Et tant pis si nous vivons dans ce fouillis. C'est moi qui les rangerai, comme toujours. C'est bon. Fiche-moi le camp. » Quelques respirations profondes nous aideront à opérer un lâcher prise dans la dignité et donc plus efficace. Nous prononcerons des paroles pondérées du style : « Tu sais, cette histoire de rangement devient une sacrée bagarre entre nous. Je suis fatigué(e) de devoir sans cesse me battre avec toi. Tu es plus important pour moi qu'un rangement de jouets. Je vais le faire cette fois. »

Le paradoxe, c'est que lorsque nous lâchons prise dans un conflit de pouvoir, nos enfants en viennent généralement à adopter notre point de vue et à se conformer à notre attente ; au lieu de se fermer, ils s'ouvrent à notre influence. Comme par miracle, l'enfant qui refusait obstinément de ranger ses jouets peut désormais s'y mettre de son plein gré et même volontiers.

Quand nous retirons notre pression et permettons ainsi à notre enfant d'exercer une maîtrise raisonnable sur sa vie dans un domaine qui lui est cher, ou dans lequel c'est lui qui est de toute façon au contrôle en dernier ressort, tel que l'apprentissage de la propreté par exemple, le conflit de pouvoir prend fin et la relation parent-enfant est réparée.

Céder ne veut pas dire abandonner

Il ne faut évidemment pas céder à tout bout de champ en cas de conflit de pouvoir. La méthode ultra permissive n'aidera notre enfant ni à devenir responsable ni à se sentir entendu, compris et respecté. Il n'est pas question de lâcher sur le casque de vélo, la ceinture de sécurité ou l'interdit des coups et des insultes. Quand une décision concerne sa santé, sa sécurité ou le respect des valeurs familiales, les parents ont à cœur de la faire respecter, calmement et posément bien sûr, mais fermement. Quand les enfants constatent que leurs parents savent parfois renoncer, que d'autres fois ils sont prêts à négocier ou à faire des compromis, ils sont plus disposés à écouter et à accepter les règles maintenues avec fermeté, car ils en mesurent l'importance et la signification.

LÂCHER PRISE

Décider de temps en temps de céder ou de lâcher prise nous permet de préserver et de construire notre relation avec notre enfant. Souvent, accepter de reculer un peu, c'est pour nous l'occasion de regarder notre enfant d'un œil neuf et de considérer le problème sous un autre angle. Ainsi nous apprenons nous-mêmes à mieux comprendre son comportement et à percevoir sa personnalité dans ce qu'elle a d'unique.

Pour un parent, il est parfois difficile de se retirer d'un conflit de pouvoir car ce faisant, il peut avoir l'impression d'abandonner, de capituler, bref de renoncer en partie à son rôle d'éducateur. Or c'est tout le contraire. C'est justement le signe d'une éducation de qualité que d'accepter de se dessaisir d'un peu de son autorité parentale au profit d'une auto-discipline de plus en plus grande de l'enfant, pour qu'il puisse de mieux en mieux se débrouiller sans notre intervention. Ce n'est peut-être pas agréable à admettre, mais en lâchant prise, nous donnons à notre enfant l'occasion de réussir de son propre chef. Nous craignons que notre enfant échoue dès qu'il sera hors de notre contrôle. C'est une inquiétude qui nous appartient et que nous aurons à combattre pour lui faire confiance. Certains parents redoutent même que leur enfant n'ait plus besoin d'eux une fois qu'il aura développé ses propres compétences…

Se projeter dans le futur : anticiper des problèmes

La peur des parents est un facteur de conflit. La coupe de cheveux de Matthieu, six ans, était un sujet de discorde entre lui et sa mère, Judith, qui prévoyait déjà le jour où, adulte, il irait les cheveux en bataille à un rendez-vous d'embauche. Cette tendance à se projeter dans le futur entretient l'angoisse et bloque la capacité d'un parent à gérer intelligemment la situation présente.

Coincée dans ce conflit d'autorité, Judith ne comprenait pas que sa drôle de façon de se coiffer répondait chez son fils à une envie ponctuelle, et qu'il choisirait sans doute une coupe plus classique la prochaine fois qu'il irait chez le coiffeur.

Si l'anticipation permet d'avoir une vision plus globale et plus vaste, la projection excessive dans le futur empêche souvent les parents de gérer efficacement le présent. Judith aggravait le conflit en allant même jusqu'à dire : « Je n'arrive pas à comprendre que tu puisses te coiffer comme ça. Quand tu chercheras du travail dans dix ans, iras-tu à tes rendez-vous avec cette tête-là ? » Évidemment, Matthieu n'avait pas ce genre d'idées en tête, il vivait l'instant présent, sans souci du lendemain.

Conflit autour des exercices de piano

Caroline était en conflit avec Chris, huit ans, au sujet de ses exercices de piano. Elle craignait que son fils, doué au départ, n'atteigne jamais le niveau dont il était capable s'il ne pratiquait pas davantage, ou pire encore, que son peu d'enthousiasme dès qu'il s'agissait de faire ses exercices gagne tous les domaines de sa vie. Elle s'inquiétait qu'il ne manque de zèle en général, quelles que soient ses activités.

Confrontée à la passivité de son fils, Caroline s'enflammait. « Tu es censé faire tes exercices, espèce de flemmard ! À force de ne rien faire, tu vas devenir un bon à rien. » Mais non. Soit Chris n'avait pas encore intégré qu'il lui fallait pratiquer quotidiennement, soit il avait ses raisons pour rechigner de la sorte. Peut-être lui manquait-il l'intérêt ou le talent nécessaires, mais sa façon d'aborder le piano ne présageait aucunement de sa bonne ou mauvaise volonté dans tout ce qu'il entreprendrait à l'avenir ; à moins que la prédiction de sa mère ne se réalise, et que Chris endosse pour de bon cette étiquette de fainéant en adoptant effectivement cette attitude dans la vie. En effet, les enfants ont hélas tendance à se conformer aux étiquettes ! Ils obéissent à leur parent dans la mesure de leurs possibilités. Comme ils n'arrivent pas à faire les efforts que maman demande, ils se conforment seulement à la seconde partie de la phrase.

En fait, quand Chris se mettait enfin au piano, sa mère le corrigeait pendant qu'il jouait. Ses critiques incessantes sur son manque de technique, ses commentaires sur les fausses notes et les erreurs de rythme ne faisaient qu'accroître la répugnance de Chris à pratiquer, lui ôtant toute envie de progresser. Son désinvestissement était une réaction aux remarques désobligeantes de sa mère et non une tendance profonde.

Conflit autour de la supérette

Chaque matin de cet été-là, Évelyne et Julien, son fils de neuf ans, étaient enferrés dans un jeu de pouvoir. Julien voulait aller à pied jusqu'à la supérette située à un kilomètre de la maison pour acheter des bonbons. Évelyne s'opposait à ce qu'il s'y rende seul. Ce n'était pas dangereux. Elle avait fait bien souvent le trajet avec lui, elle savait qu'il était prudent. Et il n'y avait pas de rue dangereuse à traverser. Julien avait déjà fait des trajets d'égale distance pour aller chez des copains, mais Évelyne ne voulait pas de cette marche jusqu'à la supérette. Pourquoi ?

Évelyne l'expliquait ainsi : « Ça ne me plaît pas de voir des jeunes rôder autour de la supérette sans leurs parents. Ils n'y vont pas juste pour acheter des bonbons, ils en profitent pour jouer à des jeux vidéo et traîner avec les copains. Ils peuvent voler quelque chose. Et ces mêmes gamins fumeront ensuite en cachette derrière le magasin. Pas question que je laisse mon fils traîner là-bas. » Elle prévoyait le pire et projetait dans le futur des craintes sans fondement, car rien dans le comportement de Julien n'indiquait qu'il puisse mal tourner.

Face à cette position, loin de renoncer à son projet, Julien s'est mis à supplier sa mère chaque matin au petit déjeuner. Au début Évelyne restait calme en expliquant son point de vue, mais Julien continuant de l'implorer, elle s'énervait de plus en plus et finissait par exploser. Julien allait alors bouder dans sa chambre ou sortait jouer dehors sans dire un mot. Non seulement ces disputes récurrentes à propos de la supérette au petit déjeuner donnaient le ton de journées tendues, mais elles finirent par rejaillir sur leur relation tout entière. Julien devint maussade, impertinent. Évelyne en venait même parfois à douter de l'amour qu'elle portait à son fils. Ces conflits de pouvoir répétitifs sont extrêmement destructeurs pour les relations parent-enfant.

Il importe de comprendre que Julien est un garçon adorable, et non un fauteur de troubles. Il n'avait aucune intention de rôder dans les rues, de voler ou de fumer. Il n'était intéressé ni par les jeux vidéo ni par l'idée de traîner avec les copains. Aller à la supérette était juste pour lui une aventure qu'il avait envie de vivre, et il s'estimait assez grand et assez capable pour relever ce défi.

Mais Évelyne redoutait ce qui pourrait arriver à son fils s'il s'éloignait du nid pour aller au-devant des épreuves et tentations du monde extérieur. Ses angoisses brouillaient sa lucidité. Se projetant dans le futur, elle s'imaginait que Julien pourrait se laisser détourner du droit chemin et entraîner à commettre de mauvaises actions.

Certes, ce dont Évelyne avait peur aurait pu arriver ; mais les enfants ont besoin qu'on leur fournisse des occasions de s'affirmer comme des êtres responsables à mesure qu'ils repoussent les limites. Si Julien se laissait un jour entraîner par le groupe de jeunes rôdant autour de la supérette, il perdrait le privilège d'y aller. Aujourd'hui, Évelyne a tout intérêt à reconsidérer sa position et à permettre à Julien de faire ses preuves, d'autant que cette aventure ne présente guère de danger et n'est donc pas une question de sécurité.

LÂCHER PRISE

Questions de sécurité

En effet, nombre de luttes de pouvoir démarrent autour de questions de sécurité. Dans les générations passées, les enfants avaient le droit de faire du vélo, d'aller au square ou au parc, de monter des campements dans les bois, tout cela seuls, sans être accompagnés. Il suffisait d'un « soyez rentrés à l'heure du dîner », et ils disparaissaient tout un après-midi avec leurs copains-copines. Ils éprouvaient un sentiment d'efficience et d'autonomie à rouler en vélo avec leur petite bande pour explorer le vaste monde et éprouver ainsi leurs capacités.

Aujourd'hui, les crimes violents envers les enfants ont atteint un tel degré dans certains quartiers ou régions qu'il est devenu impensable de les laisser partir ainsi à l'aventure. Dans ces endroits, des parents responsables ne peuvent permettre à leurs enfants d'aller au parc sans être accompagnés d'un adulte avant d'avoir atteint l'âge de dix ans, et ce à condition d'être au moins trois. Ils doivent leur indiquer une maison amie située près du parc où leurs enfants pourront trouver refuge en cas de problème, et leur fixer une limite de temps plus étroite. Bref, il est parfois nécessaire de tisser un véritable filet de sécurité autour de nos enfants quand ils s'aventurent loin de chez nous et de notre protection immédiate.

Or, même si la société a changé et que le besoin de protection des parents envers leurs enfants s'est accru, les enfants ont toujours le même désir d'aventure. Cela oblige les parents à davantage d'efforts pour s'assurer que leurs enfants puissent vivre des expériences sans danger et qui leur conviennent. Permettre ou non à des enfants d'élargir leur domaine d'exploration engendre très souvent des rapports de force.

Résolution du conflit autour de la supérette

Après avoir pris conseil auprès d'amis et de voisins, Évelyne a finalement décidé de renoncer au contrôle. « Julien, a-t-elle dit, j'ai changé d'avis. Je suis d'accord pour que tu ailles à la supérette acheter des bonbons. Tiens, voilà deux euros. Je ne veux pas que tu dépenses davantage. Dans quelle poche vas-tu ranger ton argent ? Ce serait mieux si tu y allais avec un copain la première fois. Tu préfères demander à Jérémie ou à Kevin ? Tu as une demi-heure, pas plus. Tu as ta montre ? »

Une fois à la supérette, Julien et son copain n'ont pas traîné, ils n'ont rien volé, n'ont pas fumé. Ils sont revenus à la maison avec un sachet de bonbons et de grands sourires rayonnants d'avoir mené à bien cette aventure.

Évelyne a-t-elle cédé ? Oui. A-t-elle perdu pour autant de son autorité aux yeux de son fils ? Non. Elle a reconsidéré la situation et renoncé avec dignité. On a le droit de changer d'avis. C'est une preuve de maîtrise et de compétence. Tous les parents souhaitent avoir un jugement sûr en ce qui concerne l'éducation de leurs enfants, mais personne ne peut tout savoir ni tout connaître ; en outre chaque enfant est différent. Tôt ou tard, nous nous retrouverons fatalement confronté(e) à ce genre de conflit de pouvoir. Quand cela nous arrive, inutile de nous persuader que nous devrions tenir bon face à notre enfant. Plutôt que de camper sur nos positions, il y a toujours moyen de céder du terrain avec élégance. Et chaque centimètre que nous cédons sur nos craintes est un centimètre d'espace de confiance en lui gagné par notre enfant.

Résolution du conflit autour de la coupe de cheveux

Voici comment s'est conclue la dispute opposant Matthieu à sa mère au sujet de ses cheveux. Un jour dans un salon où sa mère se faisait coiffer, dans un des catalogues, Matthieu a vu une coupe qui lui plairait pour lui. La réponse de sa mère a été immédiate : « Il n'en est pas question ! Ce genre de coiffure n'est pas pour toi ! » Ce jour-là, Matthieu a quitté le salon en larmes. De retour à la maison, il a continué à supplier de pouvoir se coiffer « à la sauvage » comme disait sa maman.

Tous les jours, Matthieu se coiffait différemment, cherchant à reproduire le style de l'homme dans le magazine. Le jour où Judith s'apprêtait à l'emmener au salon de coiffure pour hommes, Matthieu a tapé des pieds et s'est insurgé : « Je n'y vais pas. Je déteste la façon dont ce coiffeur me coupe les cheveux ! » Judith a fini par acquiescer et a pris rendez-vous au salon du styliste. Le jeu de pouvoir était terminé. Elle espérait qu'avec les années, son désir d'arborer une coiffure « à la sauvage » s'atténuerait.

Résolution du conflit autour des exercices de piano

Ce conflit de pouvoir a un jour atteint son point culminant quand Chris a refermé violemment le couvercle du piano en s'écriant : « Puisque tu t'y connais tellement, pourquoi c'est pas toi qui prends les leçons ? » Caroline en est restée bouche bée. À partir de là, elle a changé de tactique et reculé. « Ton professeur attend de toi que tu t'exerces quarante minutes par jour, et c'est ma responsabilité de veiller à ce que tu le fasses, a-t-elle déclaré à Chris. Tu me dis l'heure à laquelle tu prévois de faire tes exercices et je te le rappelle. Ni télé ni autre activité tant que tes exercices ne sont pas terminés. » Malgré ses plaintes et ses airs boudeurs quand Chris s'asseyait devant le piano, Caroline a insisté pour qu'il s'y mette tous les jours.

Et surtout, une fois son fils installé au piano, maman a modifié son attitude en profondeur. Quand Chris jouait, elle ne proférait que des commentaires positifs. « C'est l'un de mes airs favoris, tu peux le rejouer s'il te plaît ? » « Tes exercices sont mon moment préféré de la journée. Quand tu joues pendant que je fais la vaisselle, le temps passe plus vite et c'est tellement plus agréable. Merci de jouer ! » Mais ce qui a eu l'air d'avoir le plus d'effet sur Chris, c'est de voir sa mère venir s'assoir dans le salon avec un livre ou des travaux de couture et l'écouter. Le jeu de Chris s'est rapidement amélioré, et le conflit a pris fin. Le piano est devenu un vecteur constructif de leur relation, plutôt qu'un objet autour duquel ils s'entre-déchiraient.

Grâce à cette approche de soutien positif, l'atmosphère dans la maison a changé. Surtout, Judith a pu constater que son fils était capable de se concentrer et de travailler avec assiduité.

Pourquoi les enfants ne peuvent-ils pas juste obéir ?

Pourquoi l'éducation d'un enfant est-elle si difficile, si compliquée ? Pourquoi les enfants ne peuvent-ils pas juste faire ce qu'on leur demande tout en respectant leurs parents ? N'aimerions-nous pas que nos enfants nous obéissent jusqu'à leurs dix-huit ans, puis quittent la maison, adultes compétents et pleinement matures ?

Nous connaissons désormais la réponse. Ils ont besoin d'exercer leurs compétences pour les développer et devenir un jour ces adultes compétents. Les enfants naissent avec cette impulsion qui les pousse à agir par eux-mêmes. Petits, ils ont besoin de parents qui les guident, puis se retirent à mesure que, eux, apprennent à se débrouiller seuls. Même si nous caressons le fantasme d'avoir un enfant obéissant, rendez-vous compte que les enfants dociles deviennent souvent des adultes trop complaisants, qui s'en remettent à leurs parents pour prendre des décisions à leur place. Ayant toujours fait ce qu'on leur demandait, ils n'ont aucune habitude de décider par eux-mêmes, et conservent leur dépendance infantile jusque dans l'âge adulte. S'ils ne dépendent plus de leurs parents, ils trouvent un compagnon ou un partenaire qui les régente, prenant le relais.

LÂCHER PRISE

Même si nous n'accueillerons probablement jamais avec joie un rapport de force, cela nous aidera de reconnaître qu'il surgit parce que notre enfant est farouchement indépendant(e) et déterminé(e) à développer ses propres compétences. Notre fille s'entraîne en vue du jour où elle sera adulte et indépendante. Le but de l'éducation, ce n'est pas d'avoir des enfants obéissants que l'on contrôle facilement, mais des enfants qui sauront agir de façon autonome. Les enfants de nature soumise ont besoin que leurs parents les encouragent peu à peu à s'assumer.

Lâcher prise n'est pas renoncer. C'est choisir une voie différente pour parvenir à notre but ou à un but plus large. Cela exige de nous que nous nous adaptions, nous détendions, changions d'état d'esprit en comprenant qu'ainsi, notre enfant nous écoutera davantage.

Notre enfant a aussi besoin de savoir que, si les exercices de piano et la façon dont il se coiffe sont importants, cela n'a pas d'incidence sur l'amour que nous lui portons. S'il se coiffe toute sa vie comme un épouvantail, notre amour pour lui s'éteindra-t-il pour autant ? S'il refuse catégoriquement de faire son piano, lui retirerons-nous notre tendresse ? Bien sûr que non, mais il arrive que les parents s'impliquent tellement dans des jeux de pouvoir qu'un enfant finisse par douter de leur amour, à croire que le piano ou la coupe de cheveux sont plus importants que lui-même. Il a besoin d'entendre : « Tu auras beau te coiffer comme ça jusqu'à soixante-cinq ans, je t'aimerai quand même. Mais pour l'anniversaire de ta grand-mère, j'apprécierai beaucoup si tu te coiffais un tout petit peu moins à la sauvage. »

À présent nous connaissons les trois options permettant de mettre fin à des conflits de pouvoir : tenir bon ; proposer des choix, négocier et parvenir à un compromis ; lâcher prise. Au fil des batailles que nous aurons à livrer, nous pourrons choisir l'une ou l'autre de ces trois options, toutes valables. Gardons juste à l'esprit qu'il est important, dès lors que nous en aurons choisi une, de nous y tenir.

7. Choisir l'une des trois options

Dans certains conflits de pouvoir, l'option à choisir pour y mettre fin semble évidente, mais dans d'autres, les trois directions sont envisageables. Mieux vaut bien réfléchir aux conséquences avant de choisir car il est inutile de semer le trouble dans l'esprit de notre enfant en changeant d'approche en cours de route.

Conflit autour de l'heure du coucher

Au moment du coucher, Carine avait instauré un petit rituel positif pour Ambre depuis ses dix-huit mois. Elle mettait Ambre en pyjama, l'aidait à se brosser les dents, puis lui lisait une histoire. Ensuite, Ambre demandait un verre d'eau. Le rituel du coucher se terminait par un baiser, un câlin, puis maman bordait sa fille en glissant la tortue en peluche tout contre elle dans le lit. Quand

C'EST MOI QUI DÉCIDE !

Ambre couchait encore dans un berceau, elle s'endormait très vite.

Lorsque Carine la transféra dans un lit sans barreaux, Ambre fut libre de se lever et de vagabonder dans la maison. Carine avait pensé qu'une simple consigne suffirait : « Ne te relève pas, c'est l'heure de dormir. » En fait, c'est vite devenu la phrase déclenchant la séquence négative de la routine du coucher.

Une fois Ambre dans son lit, Carine descendait pour se détendre après une journée bien remplie. En s'installant sur le canapé chaque soir, elle se demandait avec appréhension si Ambre allait s'endormir ou descendre plusieurs fois jusqu'à ce que la soirée se termine dans les larmes.

Ce soir-là, alors qu'elle allumait la télé, Carine entendit Ambre descendre l'escalier à pas feutrés. Poussant un soupir exaspéré, elle s'écria : « Ambre, remonte tout de suite te coucher. » Ambre s'empressa de regrimper l'escalier, mais une fois en haut des marches, elle attendit trente secondes avant de redescendre. Furieuse, Carine la poursuivit jusque dans sa chambre, l'obligea à se remettre au lit, puis lui cria d'un ton menaçant : « Tu n'as pas intérêt à te relever ! »

Malgré sa mise en garde, trois minutes plus tard, Ambre descendit de nouveau l'escalier. Cette fois,

CHOISIR L'UNE DES TROIS OPTIONS

Carine ramena Ambre dans sa chambre, claqua la porte avec force et la maintint bloquée alors qu'Ambre pleurait à chaudes larmes jusqu'à tomber d'épuisement dans le sommeil. Ainsi se terminait une routine de coucher qui n'avait plus rien de paisible.

Tous les parents savent l'importance des routines dans la vie des enfants. Elles rendent la vie prévisible. Et quand cette routine est positive, elle peut fluidifier les moments de transition dans la vie de parents très actifs par ailleurs. Le rituel que Carine avait établi pour Ambre au moment du coucher avait bien commencé, il était bénéfique pour la mère comme pour la fille, mais voilà qu'il se termine maintenant dans des pleurs et des grincements de dents. Ambre finit par s'endormir en larmes.

Il faut bien comprendre que la partie négative du rituel est aussi enracinée dans la routine que la partie positive. Certes Ambre n'aime pas qu'on lui crie dessus ni s'endormir en pleurant, pourtant cela fait partie du rituel qui se déroule chaque soir avant qu'elle s'endorme et rend donc sa vie prévisible.

Carine voudrait mettre fin à cet engrenage, mais comment ? Qu'est-ce qui marcherait le mieux dans ces circonstances, pour une mère qui élève seule son enfant ? Chacune des trois options proposées présente des avantages.

Moment du coucher : options pour mettre fin au conflit de pouvoir

1. Garder le contrôle et tenir bon. Selon cette option, après l'histoire, le baiser et le câlin, Carine s'installerait dans un fauteuil juste devant la porte de la chambre d'Ambre pour lire le journal jusqu'à ce que sa fille s'endorme. Non pas pour la surveiller bien sûr, mais pour rassurer sa fille sur sa proximité. Si elle entendait Ambre se lever, Carine se lèverait de son fauteuil et déclarerait posément, sans chercher à regarder sa fille dans les yeux : « C'est l'heure de faire dodo, bonne nuit », puis remettrait Ambre au lit. Si Ambre persistait et se levait à nouveau, Carine fermerait la porte et répéterait à cinq minutes d'intervalle la même phrase : « C'est l'heure de faire dodo, bonne nuit. »

Entendre un enfant pleurer au moment du coucher est éprouvant pour les parents. Si Carine optait pour la fermeté, il serait important pour elle de se dire qu'Ambre ne pleure pas parce qu'elle se sent seule et abandonnée, puisque sa mère se trouve juste derrière la porte. C'est le changement dans le rituel du coucher contre lequel Ambre s'insurge. Avec cette approche, Carine lui donne l'occasion de s'endormir sans se lever ni descendre plusieurs fois. Quand les parents tentent de transformer une routine négative en routine positive, il arrive souvent que le comportement de l'enfant empire avant de s'améliorer, à mesure qu'il essaie de ramener les parents à l'ancien mode de fonctionnement.

Si Carine choisissait cette approche, il faudrait compter dans les trois jours pour qu'Ambre s'endorme sans sortir du lit. Elle finirait par s'habituer à ce nouveau rituel, se sentirait en sécurité, et puiserait de la confiance en elle dans le fait de réussir à s'endormir sans faire d'histoire. Alors, après le câlin et le bisou, Carine pourrait aller se reposer sur le canapé.

Une fois le nouveau rituel établi, il se pourrait qu'Ambre cherche à le remettre en question une ou deux fois en sortant du lit et en descendant l'escalier. Les enfants ont tendance à éprouver toute nouvelle règle, aussi Carine aurait-elle tout intérêt à s'y préparer et à faire preuve de constance en recouchant Ambre tout en lui répétant son petit refrain du soir, « Il est l'heure de faire dodo, bonne nuit », sans se départir de son calme.

Si Carine ne réussit pas à s'imposer l'autodiscipline que suppose cette approche, ou qu'elle ne supporte pas d'entendre pleurer sa fille, elle peut essayer l'option suivante.

2. *Transiger, négocier, proposer des choix.* Dans ce cas, le compromis suppose que Carine établisse un programme pour changer progressivement la routine. Après le bisou et le câlin, Carine pourrait s'allonger près de sa fille jusqu'à ce qu'elle s'endorme. Puis, deux ou trois jours plus tard, s'asseoir sur une chaise près du lit jusqu'à ce que Ambre sombre dans le sommeil. Trois ou quatre jours plus tard, Carine s'installerait alors sur une chaise devant la porte de la chambre et attendrait qu'Ambre se soit endormie.

À chaque étape de ce processus, si c'est celui qu'elle choisit, il importe que Carine tienne Ambre informée à mesure qu'elle la prive peu à peu de sa présence : « Bon, maintenant je vais m'asseoir à côté de toi et y rester jusqu'à ce que tu t'endormes », puis : « Maintenant je vais m'asseoir sur une chaise juste devant ta porte. J'y resterai tant que tu ne te seras pas endormie. » Si Ambre parle ou essaie de se lever, Carine répétera le leitmotiv : « Maman est juste là, ma chérie ; c'est l'heure de faire dodo. »

Si Carine adopte cette approche avec constance, les aspects négatifs du moment du coucher disparaîtront rapidement pour laisser place à un nouveau rituel positif.

L'avantage de cette démarche progressive par rapport à la précédente, c'est qu'elle occasionne à Ambre moins de détresse tout en l'habituant peu à peu à se passer de la présence de sa mère. L'objectif final de Carine, c'est qu'Ambre puisse s'endormir seule sans se lever ni descendre. Or ce plan donnera à sa fille l'occasion d'apprendre à s'endormir seule.

Si Carine ne dispose pas d'assez d'énergie ou de discipline pour l'appliquer, elle peut choisir la dernière option.

3. Lâcher prise, se retirer ou renoncer. Dans ce cas précis, lâcher prise supposerait que Carine permette à Ambre de s'endormir sur le canapé près d'elle pendant qu'elle lit le journal ou regarde la télé. Alors, une fois sa fille endormie, Carine monterait la coucher.

Résolution du conflit autour de l'heure du coucher

Carine a choisi l'option numéro trois. Pourquoi ? Elle travaille toute la journée, et Ambre a très envie que sa mère s'occupe d'elle une fois rentrée à la maison. Or Carine est fatiguée et stressée ; elle n'a tout simplement pas l'énergie d'assumer les deux autres options. De plus, puisqu'elles ne se voient pas de toute la journée, Carine aime autant garder Ambre près d'elle le temps qu'elle s'endorme et en profiter elle-même pour se détendre. Elle n'a pas envie de les engager toutes deux dans un processus compliqué et générateur de tensions pour elle comme pour Ambre afin de mettre un terme au conflit.

C'EST MOI QUI DÉCIDE !

Lorsque Carine a choisi de laisser tomber, le jeu de pouvoir a pris fin, il n'y a plus eu de larmes ni de cris. Carine savait qu'un jour viendrait où elle mettrait Ambre au lit et lui demanderait d'y rester, mais elle a décidé que ce serait plus facile quand sa fille aurait trois ou quatre ans. Elle-même pourrait alors reconsidérer la première ou la deuxième option.

Certains jugeront peut-être que Carine a choisi la facilité, ou que sa fille a gagné. Pourtant, si l'on prend en compte le stress que Carine subissait déjà dans sa vie, c'était sans doute la meilleure option. S'imposer une solution plus stressante aurait sans doute abouti à un échec.

Aussi, il aurait été peu judicieux pour Carine d'adopter une approche un soir et d'en changer un autre soir. Changer d'options aurait plongé Ambre dans la confusion, la laissant à la fois perplexe et curieuse de savoir ce que Carine allait tenter la prochaine fois.

Surtout, le conflit de pouvoir s'est terminé entre Carine et Ambre, et toutes les deux ont obtenu ce qu'elles désiraient : Carine un peu de temps pour se détendre, et Ambre le droit de s'endormir auprès de sa maman.

CHOISIR L'UNE DES TROIS OPTIONS

Dans des circonstances stressantes mieux vaut lâcher prise

Si la famille traverse une période de stress et que le rapport de force dans lequel nous sommes engagé(e)s ne tourne pas autour d'une question de sécurité, mieux vaut sans doute dans ce cas choisir l'option trois, à savoir lâcher prise. Si nous venons d'avoir un bébé, que l'un des deux parents est atteint d'une maladie grave, qu'il y a eu un deuil dans notre entourage, que nous venons de perdre notre emploi, ou que notre ménage ne va pas fort ; si notre enfant vient de changer d'établissement ou de garderie, ou bien qu'un déménagement est prévu, il vaut mieux prendre du recul jusqu'à ce que la tension soit retombée.

Quand on est sous pression, les options un et deux finissent en général par échouer. Le stress empêche de se concentrer. Il se peut aussi que nous n'ayons tout simplement pas l'énergie de mener à bien le plan ou le programme que nous nous étions fixé. De plus, en période de stress, on a fatalement beaucoup plus de mal à garder son calme. Si nos émotions nous emportent comme sur un manège de montagnes russes, nous risquons fort de finir par perdre patience avec nos enfants.

Certains parents peuvent vivre le lâcher prise comme une défaite. C'est tout au contraire une option qui peut être très pertinente et utile. Gardons ceci à l'esprit : lorsqu'un parent se retire d'un conflit de pouvoir, la situation se résout souvent d'elle-même, comme par enchantement. Cette option règle parfois le problème subtilement, tout en douceur.

Sauter d'une option à l'autre

Vous l'avez compris, sauter sans discernement d'une option à l'autre est perturbant et peu efficace pour mettre fin à un conflit de pouvoir. Voyons ce qui s'est passé au sein de la famille Dubreuil.

Conflit autour du rangement des jouets

Rémi, cinq ans, traîne dès que vient le moment de ranger ses jouets. Il lui faut un quart d'heure ne serait-ce que pour remettre ses feutres de couleur dans leur étui. Ses parents lui crient dessus, ils usent de leur autorité en lui refusant son dîner tant que les jouets ne sont pas rangés. Rémi continue à traînasser, l'heure tourne, le dîner est encore différé, tant et si bien que pour finir, maman et papa ramassent eux-mêmes les jouets qui jonchent le sol de la chambre et les fourrent en vrac dans le coffre de la chambre d'enfant.

CHOISIR L'UNE DES TROIS OPTIONS

D'autres soirs, ses parents donnent le choix à Rémi, mais cela tient davantage de la menace : « À toi de choisir : ou bien tu ranges tes jouets, ou bien nous les donnerons tous à l'association qui s'occupe de les redistribuer à des enfants qui n'en ont pas ; au moins cela fera des heureux. » Rémi ne fait rien, et ses parents finissent comme d'habitude par ranger eux-mêmes les jouets. Leur menace n'est pas suivie d'effet. D'autres fois, ils demandent à Rémi de ranger ses jouets, mais il reste assis à regarder la télé. Alors, exaspérés, ils lui reprochent d'être irresponsable mais lâchent prise. Entre l'inconstance de ses parents et leurs réactions à vif, Rémi est en pleine confusion et résiste. Il ne fait aucun progrès pour ce qui est du rangement des jouets. Son père et sa mère auraient besoin d'établir un plan auquel ils se tiennent avec constance en adoptant une attitude plus posée et détachée.

Résolution du conflit autour du rangement des jouets

Les parents de Rémi ont choisi l'option deux, à savoir négocier, transiger, ou proposer un choix, en lui associant une technique dite « formatrice ». Après avoir compris qu'exiger de Rémi qu'il range toute sa chambre était trop lui demander, et que cela générait de la frustration pour eux comme pour lui, ils ont décidé de lui enseigner progressivement comment ranger la pièce jonchée de jouets, étape par étape.

À dix-sept heures, les deux parents ont demandé à Rémi de mettre toutes ses voitures dans la corbeille à linge bleue en moins de quinze minutes, avec cette précision : « Attention ! Les voitures qui resteront par terre après la sonnerie iront demain à la bourse aux jouets. »

Cela semble dur ? Peut-être. Un enfant de cinq ans n'a pas encore de repères temporels lui permettant d'évaluer une durée de quinze minutes. Ils auraient pu choisir de confisquer pour une semaine les voitures qui restaient par terre mais, en faisant le tour de sa chambre, ils ont constaté que Rémi avait beaucoup trop de jouets. Ils ont pensé qu'en faire don à d'autres enfants lui apprendrait à la fois à ranger ses affaires et à donner à d'autres des objets dont il n'a pas besoin. Ils souhaitaient aussi lui inculquer cette valeur familiale même si, à cinq ans, Rémi ne pouvait pas encore vraiment en comprendre toute la portée.

Comme les parents n'avaient encore jamais mis à exécution leurs menaces, le premier soir, Rémi a pris son temps et mis seulement la moitié des voitures dans la corbeille pendant qu'eux rangeaient le reste des jouets. Quand la sonnerie a retenti, son père a mis les voitures qui restaient par terre dans un sac destiné à l'association. Rémi a pleuré en suppliant qu'on lui

donne une seconde chance mais papa a tenu bon :
« Non, ces voitures iront dès demain à la bourse aux
jouets. »

Le lendemain, à la sortie de l'école, maman et Rémi
ont donc porté les voitures à l'association qui s'occupait de la collecte. Le soir venu, à dix-sept heures,
maman a de nouveau demandé à Rémi de ramasser ses
voitures pour les mettre dans la corbeille bleue tandis
qu'elle rangeait le reste des jouets. Elle lui a donné
quinze minutes. Sans traîner, Rémi a achevé la tâche.
Ses parents l'ont félicité : « Tu as rangé toutes les
voitures dans la corbeille. Bravo ! »

Maman et papa sont restés fidèles à ce plan les trois
soirs suivants. Le quatrième soir, ils ont ajouté une
nouvelle tâche à la précédente : en plus de mettre les
voitures dans la corbeille bleue, Rémi aurait dorénavant à ranger les pièces de son jeu de construction
dans la corbeille rouge. Ses parents lui ont à nouveau
accordé quinze minutes.

Durant trois semaines, ils ont procédé de la même
manière, ajoutant à mesure de nouvelles tâches et félicitant Rémi d'avoir accompli la dernière en date. Au
début, ils l'ont aidé à chaque fois. Plus tard, ils se sont
contentés de lui prodiguer leur soutien en l'encourageant. « Je n'ai plus besoin de t'aider. Tu sais le faire
maintenant et c'est à toi qu'il revient de ranger tes

jouets. Tu as dix minutes pour finir de ranger avant le bain ! Alors fonce ! »

Si Rémi préférait laisser une voie ferrée qu'il avait montée sur le sol de sa chambre deux jours de suite, ses parents n'insistaient pas pour qu'il la démonte. Ils n'étaient pas rigides ni maniaques à ce point.

Trois semaines plus tard, Rémi rangeait ses jouets de son propre chef et avait acquis dans ce domaine une complète indépendance. Ses parents n'avaient plus à le menacer de les donner s'il ne les rangeait pas. Rémi avait une fois mis cette règle à l'épreuve et appris à ses dépens que ses parents ne plaisantaient pas. Non seulement le conflit de pouvoir a pris fin, mais Rémi s'est senti autonome et efficace quant à l'arrangement de sa chambre et de son espace de jeu.

Cette méthode d'éducation progressive dite formatrice est bien utile dès qu'il s'agit d'enseigner à l'enfant des choses telles que se brosser les dents, s'habiller, faire ses devoirs. Quand nous décidons de l'adopter, il est important de nous assurer que notre enfant est capable d'effectuer, ou d'apprendre à effectuer, la tâche que nous lui fixons. La clef, c'est de le féliciter, de suivre avec intérêt ses progrès au fil de chaque étape. Il est utile et efficace de l'aider à accomplir la tâche en question, ainsi que de fixer des règles nettes et précises quant à ce que nous attendons de lui. Ensuite, nous habituerons peu à peu notre enfant à se passer de nos éloges ainsi que de notre présence.

Si Carine et les parents Dubreuil se trouvaient coincés dans un conflit de pouvoir, ce n'était pas parce que Ambre et Rémi cherchaient à avoir davantage de maîtrise sur leur propre vie, mais parce que leurs enfants n'étaient ni préparés ni entraînés comme il le fallait pour accomplir ce que leurs parents exigeaient d'eux : s'endormir seule pour Ambre, et ranger tous ses jouets pour Rémi.

Pour nous, il s'agira peut-être d'un tout autre domaine, mais quelle que soit la routine négative du conflit de pouvoir auquel nous serons confronté(e), nous parviendrons peut-être à le résoudre en adoptant la méthode dite formatrice.

Quand le parent établit un plan, il choisit l'une des trois options et s'y tient. S'il arrive qu'une option se révèle une impasse, le parent en choisit une autre, mais on parvient rarement à résoudre un conflit en passant d'une option à l'autre. Il importe aussi de prendre conscience qu'il existe certains conflits de pouvoir que nous ne pouvons tout simplement pas résoudre, parce que c'est notre enfant et lui seul qui a le contrôle de la situation.

8. Les conflits de pouvoir que nous perdrons toujours

Dans l'éducation d'un enfant, il importe d'identifier ce que nous pouvons ou non contrôler. Nous exerçons une influence considérable sur sa vie et pouvons en user de façon positive en le guidant dans de nombreux domaines. Il en existe cependant où il importe de savoir précisément où commence notre contrôle et où il finit. Inutile d'entrer avec lui dans des rapports de force autour de la nourriture, du sommeil, du pot. Inutile aussi de chercher à contrôler l'attitude de notre enfant, son allure, ses pensées intérieures, ses réactions émotionnelles ou de tenter de changer sa nature foncière.

Nourriture

Nous pouvons encourager un enfant à manger en lui proposant des aliments nutritifs, en limitant la « malbouffe », en lui fournissant cinq petites collations par jour, et en rendant l'atmosphère des repas agréable. Nous pouvons même établir une règle qui incite les enfants à rester à table pendant un temps donné, adapté à leur âge. Mais si un enfant refuse tout bonnement de manger un aliment précis, nous ne pouvons le forcer à l'avaler. Seul l'enfant contrôle ce qu'il avale.

Un soir, Achille, deux ans, a refusé de manger des petits pois pour son dîner. « Achille, tu resteras assis sur ton siège tant que tu n'auras pas mangé deux petits pois », a exigé sa mère, Jessica. Puis elle s'est mise à faire la vaisselle, et quand elle s'est retournée, elle a constaté que les petits pois avaient disparu de l'assiette d'Achille. Les avait-il mangés pour obéir à sa mère ? Non, il se les était fourrés dans les narines. Qui donc était sorti vainqueur de cette bataille ? Pas Jessica, en tout cas.

Sommeil

Il en va de même pour le sommeil. Nous aurons beau instituer un charmant rituel pour l'heure du coucher, mettre notre enfant au lit après lui avoir raconté une histoire, ou bien rester assis(e) devant la porte de sa chambre pour qu'il ne puisse en sortir, s'il n'a pas sommeil, nous ne parviendrons jamais à exiger de lui qu'il s'endorme. C'est lui, et lui seul, qui contrôle son sommeil.

Le pot

Là encore, c'est la même chose. Quand nous aidons notre enfant à faire l'apprentissage de la propreté, nous pouvons l'encourager à utiliser les toilettes, mais s'il résiste, mieux vaut ne pas insister et réessayer doucement à un autre moment. C'est notre enfant qui maîtrise sa vessie et ses intestins, pas nous. Si nous sommes déjà en lutte avec lui dans ce domaine, mieux vaut aller de l'avant et renoncer ouvertement à nos tentatives de contrôle. Nous pouvons dire : « Je comprends que tu n'aimes pas faire tes besoins dans les toilettes. Mais j'aimerais que tu expérimentes le fait d'être assis sur la lunette deux fois par jour. Si ça vient, tant mieux. Sinon, ce n'est pas grave, c'est ton corps.

Un jour tu iras aux toilettes comme maman, papa et tes frère et sœur, mais c'est à toi de décider quand ce jour arrivera. »

Renoncer à nos tentatives de contrôle dans ce domaine suffit souvent à ce que l'enfant progresse, à son rythme et à sa façon.

Attitude

Cela ne nous plairait-il pas de contrôler l'attitude de notre enfant ? Qu'il mette la table avec le sourire quand nous le lui demandons, par exemple. Tout parent apprécierait que son enfant réponde avec entrain : « Bien sûr, maman. Avec plaisir. » Oui, c'est là le souhait de n'importe quel parent, mais beaucoup d'enfants rechignent quand on les charge de faire quelque chose. Si notre fille met la table avec mauvaise grâce, laissons glisser. Nous ne pouvons contrôler l'attitude de notre enfant, ni l'obliger à en adopter une plus agréable.

Dire : « Ne fais pas cette tête-là, c'est pénible à la fin ! » ne serait qu'une perte de temps. Il est même probable que l'interpellé se campera d'autant plus dans son attitude négative. Nous aurons beau dire, rien ne convaincra un enfant à la mine boudeuse, maussade ou belliqueuse d'en changer.

Mieux vaut également éviter de dire : « Si tu ne peux t'empêcher de faire la tête, tant pis, ne mets pas la table. » S'il suffit à un enfant de prendre un air maussade pour que nous le dispensions d'une tâche ou d'un service, nous le verrons adopter cette attitude de plus en plus souvent, juste pour échapper aux tâches que nous voulons lui confier.

Nous n'avons certes pas envie que ce comportement lui confère du pouvoir. Or, si en l'adoptant, un enfant obtient beaucoup d'attention, cette attitude négative reviendra plus régulièrement. En outre, elle peut devenir contagieuse et mettre de la tension dans toute la maisonnée.

La seule attitude que nous puissions contrôler, c'est la nôtre. Nous pouvons veiller à ce que celle de notre enfant ne l'affecte pas, mais si nous nous engageons dans un conflit de pouvoir avec lui sur l'importance d'avoir dans la vie une attitude positive, nous perdrons. Là encore, c'est l'enfant qui tient les rênes.

Si nous ne pouvons contrôler l'attitude de notre enfant ni ses émotions, nous pouvons fixer des limites raisonnables à son comportement. Nous lui dirons par exemple : « Tu es en colère parce que c'est à toi de mettre la table. Tu peux tempêter tant que tu veux, n'empêche, c'est à toi de le faire. Je te laisse. Je n'ai pas envie d'être témoin de ta mauvaise humeur. »

Rythme

Chacun va à son rythme, et celui de notre enfant diffère peut-être du nôtre. Si nous devons quitter la maison à huit heures pile pour aller travailler, nous allons nous hâter pour ne pas nous mettre en retard. Un jeune enfant ne saisit pas comme nous la signification des emplois du temps et des plannings. Il préférera entamer sa journée en douceur, en s'échappant dans le monde imaginaire de ses jeux. Alors il traînasse trop à notre goût, notre allure et la sienne ne s'accordent pas, et cela peut suffire à déclencher un conflit de pouvoir.

Cela arrive chez vous ? Il est clair que la responsabilité de quitter la maison à une heure précise nous incombe entièrement. Nous pouvons prendre nos dispositions en sortant, par exemple, la veille au soir les vêtements et les affaires à emporter le lendemain. Il sera toujours judicieux d'escorter notre enfant pas à pas. « Tu veux mettre tes chaussures, ou préfères-tu que je te les mette ? » Donnons-nous également assez de temps pour ne pas trop prêter attention à son allure d'escargot.

Si nous sommes en conflit à ce sujet avec un enfant en âge de comprendre l'importance du respect des horaires, nous pouvons réentamer sa formation. Nous recommencerons à l'aider à préparer la veille ce dont lui et nous aurons besoin pour le lendemain matin, et l'accompagnerons à chaque étape depuis son lever en étant attentif à éliminer toute tension ou critique sur sa lenteur, tout ce qui pourrait s'inscrire dans une routine négative. Ce faisant, nous pouvons espérer mettre fin à ce conflit de pouvoir répétitif tout en apprenant en chemin à travailler avec et à comprendre notre enfant, lequel fait simplement les choses plus lentement que nous ou ses frères et sœurs.

Pensées

Nous ne pouvons contrôler les pensées de notre enfant. Nous sommes capables d'influer sur ses opinions et ses valeurs avec douceur et détermination, mais si nous entrons en conflit avec lui quant à ses pensées intérieures, nous perdrons. Seul notre enfant maîtrise le cours de ses pensées.

Aude, trois ans, a fait une bêtise : elle a colorié les murs de sa chambre. Son père l'a renvoyée dans sa chambre pour qu'elle « réfléchisse » à ce qu'elle avait fait. Est-ce bien judicieux ? Certes il est en colère, mais peut-il vraiment contrôler ce que sa fille va penser une fois qu'elle sera seule dans sa chambre ? Sa formule « Réfléchis à la bêtise que tu viens de faire » est, comme on dit, tombée dans l'oreille d'un sourd. Aude savait que c'était mal de colorier les murs, mais elle n'a pu s'en empêcher. Le grand mur nu était pour elle comme une immense feuille de papier. Elle a regagné sa chambre, mais il y a peu de chances qu'une fois là, elle médite sur le fait qu'on doit colorier sur du papier et non sur des murs. Dans ces circonstances, il aurait été beaucoup plus judicieux de demander à Aude de nettoyer les dégâts qu'elle avait faits.

Simon, huit ans, a une dictée prévue pour le lendemain. Au lieu de réviser sa leçon d'orthographe, il passe presque toute la soirée sur Internet, son passe-temps favori. Quand sa mère s'en aperçoit, elle s'emporte, éteint l'ordinateur, et exige de Simon qu'il s'asseye à la table de cuisine pour réviser sa leçon. Simon reste assis devant son livre ouvert, mais il n'apprend pas pour autant sa leçon. Il est en colère que sa mère ait interrompu sa session sur Internet. Elle a pu le forcer à quitter l'ordinateur et à s'asseoir devant son manuel d'orthographe, mais n'a pu l'obliger à apprendre. C'est Simon qui contrôle la situation. Sa mère aurait pu procéder plus efficacement en lui disant : « Je sais que tu as une dictée demain. Je t'accorde encore un quart d'heure sur Internet, puis tu te mettras au travail. Dis-moi si tu veux que je t'aide à réviser. »

Nous pouvons toujours nous épuiser à répéter à notre enfant qu'il faut qu'il range sa chambre en lui en expliquant les raisons. Nos arguments sont sans doute valables, il n'empêche, s'il ne l'entend pas de cette oreille, nous ne le convaincrons pas de penser comme nous. Il est plus efficace de recourir à des techniques d'apprentissage. Le parent peut accompagner l'enfant dans sa chambre (la proximité affective augmente toujours l'efficacité) et l'inviter à ranger tel ou tel endroit précis de sa chambre ou tel ou tel groupe d'objets, en précisant comment le faire : « Tu peux ranger tous tes livres sur cette étagère... Maintenant, tu peux mettre tes vêtements sales dans le panier d'osier. Quand tu auras fini, nous ferons ton lit ensemble. Je te montrerai. »

Émotions

Non seulement nous ne pouvons maîtriser les pensées de notre enfant, mais ses réactions émotionnelles face à telle ou telle situation échappent également à notre contrôle.

Zacharie, qui a trois ans, se faisait une joie à l'idée de se rendre à l'anniversaire de sa grand-mère, mais une fois là-bas, il a piqué une colère monstre en voyant que tous les cadeaux étaient pour elle et non pour lui. Or Sophie, sa mère, croyait qu'il se réjouirait pour sa grand-mère ; après tout, il venait d'avoir trois ans lui-même la semaine précédente et avait été très gâté. Le voir réagir ainsi a fait craindre à Sophie que son fils ne devienne cupide et envieux.

En réalité, Zacharie ne pensait plus aux cadeaux qu'il avait reçus la semaine précédente. En découvrant la pile de paquets destinés à grand-mère, cela lui a fait envie et il en a réclamé pour lui. Incapable de le tirer de son sentiment de frustration et de déception, qu'a fait Sophie ? Tout d'abord, elle n'a pas choisi la facilité en lui promettant de lui acheter un cadeau plus tard. Elle l'a pris dans ses bras, l'a emmené hors du salon et est restée avec lui jusqu'à ce qu'il se calme. « Je sais que tu aimerais bien recevoir un cadeau toi aussi, lui a-t-elle dit posément. Tu voudrais même que tous ces paquets soient pour toi, mais non, ils sont pour grand-mère. Tu peux être en colère, mais je ne te laisserai pas gâcher l'anniversaire de ta grand-mère. Quand tu te seras calmé, nous retournerons à la fête. »

Pierre et Fanny, sa fille de sept ans, revenaient en train d'un séjour à Disneyland. Fanny boudait car elle n'était montée que deux fois sur son manège préféré et elle aurait voulu faire encore un tour. Pierre l'a chapitrée en lui disant qu'elle aurait dû être contente du séjour plutôt que de faire la tête. Fanny a continué à bouder en trouvant encore matière à se plaindre. Plus Pierre essayait de la convaincre qu'elle aurait dû être contente de son voyage, plus Fanny trouvait des raisons pour déclarer que ce séjour à Disneyland l'avait déçue.

Si nous essayons de faire taire la réaction émotionnelle de notre enfant en le persuadant qu'elle n'est pas fondée, il aura l'impression que nous n'avons pas vraiment entendu ce qu'il a à dire ; en retour, il cherchera à nous convaincre qu'il a raison de réagir ainsi. Quand un enfant réagit à une situation donnée par une émotion exacerbée, il n'est jamais facile pour le parent de gérer ce débordement, mais la meilleure façon de calmer cette émotion, c'est de traduire en mots les sentiments de l'enfant et d'accepter sa réaction. Ainsi Pierre aurait pu dire à sa fille : « Ce manège t'a vraiment plu, et tu es déçue de n'avoir pu en faire encore un tour. »

Écouter les sentiments ne signifie pas tolérer coups ou même cris dans certaines situations. S'il dérange les autres, il vaut mieux l'entraîner à l'écart. Nous pouvons rester avec lui pour l'aider à amortir la force d'émotions qu'il n'arrive plus à contrôler, sans chercher à le convaincre d'en changer. Seul notre enfant est le maître de ses émotions. Les émotions reconnues et acceptées se dissolvent d'elles-mêmes. Niées ou réprimées, elles se muent en ressentiment, couvent et refont surface mal à-propos.

Tempérament

Un autre domaine auquel il importe de réfléchir quand il s'agit d'éviter des conflits de pouvoir, c'est au tempérament de notre enfant. Chacun naît avec neuf principaux traits de caractère qui peuvent s'équilibrer à mesure que l'enfant se développe. Toutefois, si nous entreprenons de changer la personnalité de notre enfant, il est fort probable que nous accentuerons ces caractéristiques au lieu de les atténuer. Quand on l'oblige à changer, l'enfant se campe encore davantage dans son trait de caractère, qu'il soit obstiné, passionné, ou débordant d'énergie. Nous ne pouvons demander à notre enfant d'être quelqu'un de différent en renonçant à sa nature profonde. Ce n'est qu'en l'acceptant tel qu'il est et en faisant avec sa personnalité que ses traits de caractère les plus difficiles pourront s'adoucir.

Voici les traits de caractère liés à la nature profonde de notre enfant et à propos desquels mieux vaut éviter d'entrer en conflit avec lui.

Obstination. Certains enfants sont plus têtus que d'autres. Si c'est le cas du nôtre, nous savons combien il peut se montrer intraitable parfois. Mais l'obstination peut également être une qualité fort utile à celui qui la possède quand elle se mue en opiniâtreté, aussi nous faut-il œuvrer avec ce trait de caractère plutôt que tenter de le faire disparaître.

A contrario, si nous avons un enfant qui n'a pas de suite dans les idées, qui s'implique rarement dans un projet ou une activité et semble manquer de détermination, cela aussi peut être frustrant pour nous. Il sera judicieux et profitable de l'aider en lui apprenant la persévérance. Quel que soit le degré de ténacité de notre enfant, cela fait partie de son caractère et de son identité. Ne le combattons pas sur ce terrain-là ; plus nous mettrons de pression pour qu'il change, plus sa tendance naturelle se durcira.

Degré d'activité. Certains enfants viennent au monde plus actifs que d'autres, tout simplement. Si le parent est énergique et fait face à un enfant plutôt indolent, il mettra probablement tout en œuvre pour le pousser à se dépenser physiquement. Tout rapport de force à ce sujet est pourtant sans issue.

De même, si le parent est quelqu'un de tranquille aimant lire, et que son enfant ne tient pas en place, gigote sur sa chaise et court partout, le parent aura peut-être quelque difficulté à s'adapter à son niveau d'activité. Il aura parfois envie de s'écrier : « Tu ne pourrais pas t'asseoir un moment et lire un livre ? » S'il est en mesure de s'exprimer, l'enfant répondra peut-être : « Non, j'aime bien bouger, n'essaie pas de me changer. Je lirai un livre quand je serai fatigué(e), mais pour l'instant, j'ai besoin de courir partout dans la maison pour brûler un peu de l'énergie débordante que j'ai en moi. »

Abord facile ou réserve face à la nouveauté. Certains enfants s'adaptent facilement à de nouvelles situations. Même tout petits, nous les verrons se joindre à une réunion de famille en allant de l'un à l'autre tout naturellement. D'autres mettent plus longtemps à se familiariser. Cela ne signifie aucunement qu'ils sont inadaptés socialement mais seulement que dans une nouvelle situation, ils ont besoin de rester un moment près de nous pour s'accoutumer à la nouveauté. Certaines cultures admirent les gens qui ont la parole facile et évoluent avec aisance en société. D'autres cultures ne tiennent pas ce trait de caractère en aussi haute estime. Elles admirent une personne qui se tient un peu en retrait, prend le temps d'évaluer la situation avant de s'y adapter. Les deux approches se valent.

Que notre enfant soit à l'un ou à l'autre bout de l'échelle, réservé ou ultra expansif, en tant que parent, nous ne pouvons que nous contenter d'accepter ce style qui lui est propre. Le plus réservé n'est pas forcément timide, aussi, mieux vaut éviter de lui coller cette étiquette. Certains enfants ont juste besoin de s'adapter en douceur à de nouvelles situations et ils n'en sont pas moins, au bout du compte, de vrais boute-en-train.

Capacité d'adaptation au changement. Si nous déménageons, qu'un nouveau-né arrive dans la famille, que nous achetons une nouvelle voiture, tout cela au cours du même mois, un enfant peut s'adapter à ces changements en tenant le rythme, tandis qu'un autre peut avoir plus de mal et regimber. Pour le premier, cela se fait tout seul et ne nous demande pas d'effort. Quant à celui qui résiste au changement, il a besoin qu'on lui accorde du temps, qu'on le rassure, qu'on s'occupe de lui à travers les aléas de la vie. Entrer à l'école pour la première fois, passer d'un berceau à un lit, partir en vacances sont autant de situations qui peuvent engendrer des nuits sans sommeil et des journées grincheuses. Il serait vain de tenter de persuader cet enfant de devenir plus souple. Mieux vaut pour le parent apprendre à le préparer au changement en l'accompagnant en douceur à travers chaque situation, sans lui imposer trop de changements à la fois.

Degré de sensibilité. Certains enfants sont sensibles à la lumière, à la température, au bruit, à tout ce qui perturbe ou stimule leurs sens et leur environnement, tandis que sur d'autres, tout semble glisser. Les enfants sensibles réagissent soit en devenant agités, hyperactifs, soit en se renfermant jusqu'à se fondre dans le décor. Quand nous sommes amené(e) à participer avec notre enfant à une rencontre avec d'autres parents et enfants dans un cadre scolaire, nous aurons tout intérêt à arriver dans les premiers afin qu'il s'habitue progressivement à l'activité bourdonnante qui règne dans la salle de réunion. S'il se met à courir partout, gagné par le foisonnement qui l'entoure, au lieu de le punir, nous pouvons l'emmener dehors un moment jusqu'à ce qu'il se calme, puis rentrer tous deux dans la salle. Le punir ne ferait qu'accentuer encore son hypersensibilité.

Régularité. Certains enfants dorment, mangent et font leurs besoins à heures régulières. Pour d'autres, c'est beaucoup plus imprévisible et les journées ne se déroulent jamais de la même façon. Les premiers s'adaptent facilement à des emplois du temps, qu'ils soient scolaires ou familiaux. Mais les seconds ont plus de mal, leur propre rythme ne s'accordant pas au tempo général.

Mieux vaut pour le parent éviter d'entrer en conflit avec son enfant en voulant le soumettre aux normes établies. Il peut au contraire imaginer comment la journée peut se dérouler agréablement pour l'enfant en cherchant des routines positives, et en passant avec fluidité d'une activité à l'autre.

Distraction. Certains enfants sont facilement distraits, ils ont tendance à papillonner et ne réussissent pas toujours à se concentrer sur une activité, surtout s'il y a beaucoup d'animation autour d'eux. C'est juste qu'ils sont curieux et attentifs à ce qui les entoure. Un enfant facilement distrait aura du mal à se concentrer sur ses devoirs dans une salle de classe agitée ou bruyante. Par contre un enfant qui se concentre très fort sur une tâche aura du mal à en changer. Chacun de ces extrêmes peut poser problème, autant aux parents qu'aux professeurs. Mieux vaut apprendre à accepter ces enfants tels qu'ils sont et travailler avec cette tendance naturelle, non contre elle. La combattre ou même trop la souligner ne ferait que l'accentuer.

Intensité. L'enfant passionné ressent tout avec intensité. Il sanglote quand il est triste, pique des colères monstres, hurle d'enthousiasme quand il est gai. Il serait vain d'exiger de lui qu'il tempère ses sentiments. Ces enfants sont en général des personnalités intéressantes, attachantes, mais aussi quelque peu épuisantes pour leur entourage. La clef, c'est de les aider à concentrer cette exubérance de façon positive, à canaliser cette énergie dans des projets et des activités où leur passion pourra pleinement s'exprimer.

À l'autre bout de l'échelle se trouve l'enfant tranquille, pondéré, qui ne s'enthousiasme guère pour quoi que ce soit. Si nous sommes un parent de nature passionnée, nous pourrions être tenté de l'inciter à se montrer un peu plus exubérant dans la vie. Mais réalisons que cet enfant ressent tout ce que nous-même ressentons, juste avec un peu moins d'intensité.

Humeur. Certains enfants voient le verre à moitié plein, d'autres le voient à moitié vide. Certains perçoivent le bon côté des choses, d'autres le mauvais. On a peine à croire que ce trait de caractère puisse être inné. Si nous sommes quelqu'un de positif, nous essaierons de convaincre notre enfant de chercher ce qu'il y a de bien en toute chose. Mais si nous faisons cela à longueur de temps, notre enfant s'obstinera lui-même à nous convaincre que son point de vue vaut bien le nôtre en relevant ce qui s'est mal passé à son anniversaire, ce qui lui déplaît dans sa chambre ou ce qu'il ne supporte pas chez son professeur.

À l'inverse, un parent à l'esprit négatif peut avoir du mal à accepter l'esprit positif de son enfant. Nous n'apprécions peut-être pas le côté fleur bleue, un peu béat de notre fille. Nous aimerions qu'elle ait une vision plus réaliste de la vie. Certes nous pouvons exprimer nos opinions, mais mieux vaut ne pas la forcer à les partager. Ce ne serait qu'une perte de temps. Comprendre le tempérament inné d'un enfant n'est pas simple. Nous pouvons lire sur le sujet ou en parler autour de nous.

Si nous sommes en butte à des conflits de pouvoir avec nos enfants à propos de certains aspects de leurs vies, des aspects qu'ils sont les seuls à pouvoir maîtriser, nous n'en tirerons que de la frustration et notre relation avec eux en souffrira. Mieux vaut lâcher prise, abandonner toute volonté de contrôle et développer une nouvelle approche, plus réaliste. En outre, il serait important pour nous de considérer la part que nous prenons dans les conflits et les raisons pour lesquelles nous avons tendance à nous y engager.

C'EST MOI QUI DÉCIDE !

> **Situations inextricables
> dans lesquelles nous ne pourrons pas gagner :**
>
> - Nourriture
> - Sommeil
> - Hygiène
> - Attitude
> - Rythme
> - Pensées
> - Réactions émotionnelles
> - Tempérament

9. Notre part dans les conflits de pouvoir

Certains parents vont de conflit en conflit avec leurs enfants. D'autres en rencontrent moins mais se retrouvent enferrés dans un même rapport de force répétitif. Si telle est notre situation, il est important de faire notre introspection pour discerner quelle part de responsabilité nous pouvons avoir dans le conflit d'autorité et pourquoi. Voici sept raisons pour lesquelles des parents se retrouvent dans des conflits de pouvoir. La plus courante est tout simplement le manque d'expérience des parents qui attendent trop de leur enfant.

Parents puissants

Certains parents disposant de beaucoup de pouvoir (président d'un conseil d'administration ou d'une association de parents d'élèves, femme chef d'entreprise ayant aussi la maison et les enfants à sa charge) pensent à tort que puisqu'ils savent mener leur carrière de façon efficace (et souvent dictatoriale), ils sont à même de diriger tout aussi bien leurs enfants. Un père exprimait ainsi ses frustrations : « Je dirige mon affaire de main de maître, je suis efficace avec mes clients et employés. Pourtant une fois à la maison, je n'arrive pas à obtenir de ma fille de trois ans qu'elle range ses jouets. En dix minutes elle a le don de me mettre en rage. Je n'y comprends rien. » Les stratégies que nous adoptons avec les adultes ne marchent pas forcément avec les enfants.

Parents impuissants

Des parents n'ayant pas beaucoup de pouvoir se retrouvent aussi dans des rapports de force mais pour une tout autre raison. Janine est femme au foyer avec deux petits enfants. Son mari est dominateur, il lui dit comment s'habiller, mener la maison, prendre soin des enfants. Il donne de l'argent au compte-gouttes et contrôle de près toutes ses dépenses. Elle a si peu de maîtrise sur sa propre vie qu'il devient primordial pour elle de contrôler le comportement de ses enfants. Elle attend d'eux qu'ils rangent leur chambre, soignent leur tenue et débarrassent la table après chaque repas. Ses exigences engendrent au fil des jours des batailles continuelles et des crises émotionnelles. Parce qu'il lui manque le pouvoir et le contrôle qu'elle devrait avoir sur sa propre vie, elle essaie de compenser en dominant ses enfants.

Parents en quête de l'enfant idéal

Les parents qui croient pouvoir modeler leur petit d'après l'image qu'ils se font de l'enfant idéal se retrouvent avec lui dans un perpétuel conflit de pouvoir. Ils ont cette image en tête sans prendre en compte la personnalité de leur enfant dans ce qu'elle a d'unique.

Mélanie imaginait élever une petite fille vive, active, féminine et appréciée de son entourage. Or, quand sa fille Stéphanie est entrée à l'école maternelle, c'était une enfant tranquille, qui jouait presque toujours avec la même camarade, n'attirait pas l'attention, et insistait pour mettre un jean au lieu des robes que sa mère aurait voulu qu'elle porte. À l'école élémentaire, elle est devenue une élève studieuse, toujours plongée dans un livre, qui ne participait guère aux activités sportives ou extrascolaires et restait toujours collée à sa meilleure amie. Sa mère l'a forcée à entrer chez les scouts, l'a persuadée de faire partie de l'équipe de foot, l'a suppliée de porter des vêtements à la mode en recourant parfois au chantage, lui disant par exemple que si elle s'y refusait, elle ne pourrait pas jouer avec sa meilleure amie après les cours pendant toute une semaine. Bref, elle a essayé de façonner sa fille selon le profil de la jeune fille idéale qu'elle avait en tête.

Au lieu d'apprécier l'enfant qu'elle avait mise au monde dans ce que Stéphanie avait d'unique, Mélanie craignait que sa personnalité ne rejaillisse sur elle de façon négative. Et au lieu d'avoir pour souci le bien de sa fille, elle abusait de son pouvoir pour diriger ses activités et ses centres d'intérêt.

Certes il revient aux parents d'établir des critères de comportement et de fixer à leur enfant des enjeux qui l'incitent à progresser, mais lorsqu'ils essaient de le façonner au point d'entrer en lutte avec son tempérament naturel et sa personnalité, il en résulte un type de conflit de pouvoir particulier qui se développe sur le long terme.

Certains enfants résistent à leurs parents ; d'autres, hélas, se perdent en essayant de leur complaire, sans jamais vraiment y parvenir. Ces enfants deviennent trop préoccupés par leur image tant ils s'efforcent maladroitement et sans relâche d'obtenir l'approbation de leurs parents. D'autres abandonnent, se résignent au fait qu'ils ne seront jamais à la hauteur, et renoncent à tenter de s'épanouir en la personne qu'ils étaient destinés à être.

Parents perfectionnistes

Un autre type de rapport de force s'installe lorsqu'un parent oblige l'enfant à accomplir quelque chose ou à se comporter d'une certaine façon, la seule et l'unique selon lui. Ces parents sont souvent perfectionnistes, avec une étroite marge de tolérance pour tout ce qui dévie de leurs ligne de conduite, critères ou points de vue.

Certains parents sont perfectionnistes quant à l'apparence de leur enfant. Ils choisissent ses vêtements et le coiffent impeccablement. Si l'enfant a envie de porter une chemise et que le parent estime qu'elle ne va pas avec son pantalon, ce dernier ne le permettra pas et exigera qu'il en change pour une autre parfaitement assortie. Les perfectionnistes s'obstinent à contrôler certains aspects de la vie de leur enfant, parfois au prix de sa santé mentale.

Parents qui attendent trop de leur enfant

D'autres parents entrent en conflit avec leurs enfants parce que leurs attentes ne sont pas réalistes, aussi bien concernant leur conduite que leurs compétences. Ces attentes irréalistes peuvent provenir d'un désir déraisonnable ou d'un manque d'expérience avec les enfants.

Si nous attendons de notre fille de trois ans qu'elle s'habille toute seule, sans notre aide ni nos conseils, nous risquons de nous retrouver en conflit avec elle. C'est tout simplement trop demander à une enfant de cet âge. Peut-être commencera-t-elle à s'habiller, puis se laissera-t-elle aller à rêver, à partir dans son imaginaire. Ce petit rituel du matin s'achèvera quand, exaspéré(e), nous nous emporterons contre elle et finirons par l'habiller nous-même.

Si nous essayons d'apprendre à notre fille à s'habiller seule, mieux vaut commencer pas à pas, en l'accompagnant et en lui donnant des indications. Nous pouvons observer comment elle s'y prend, lui décrire les gestes que nous souhaiterions la voir acquérir puis la féliciter pour l'encourager. « Tu as réussi à enfiler ta veste. Regarde, te voilà habillée de pied en cap ! Bravo ! » À mesure qu'elle s'en tirera de mieux en mieux, nous pourrons la laisser se débrouiller sans notre aide ni notre présence.

NOTRE PART DANS LES CONFLITS DE POUVOIR

Il est courant que les parents attendent trop de leur enfant. Pourquoi ? Généralement parce qu'ils ignorent ce dont il est capable à tel ou tel âge et stade de son développement ; d'autres fois parce qu'ils n'ont ni la patience, ni la rigueur voire l'envie de le guider scrupuleusement jusqu'à ce qu'il devienne autonome.

Michel attend de son fils de cinq ans qu'il saute du lit à sept heures tapantes, qu'il s'habille et qu'il ait pris son petit déjeuner à sept heures trente pour être prêt à sept heures quarante-cinq à prendre le bus qui le déposera à la maternelle. Il ne se rend pas compte que son fils a besoin de temps et de petits encouragements pour entrer en douceur dans sa journée. Michel le voit déjà comme un petit homme qui devrait être capable de s'assumer comme lui, sans avoir besoin de câlins ni d'attentions. À cause de cela, chaque matin se termine de la même façon, par les cris de Michel et les pleurs du petit. L'inexpérience du père et son incompréhension face aux besoins affectifs de son fils alimentent le conflit de pouvoir, lequel perdure.

Parents qui veulent que leurs enfants accomplissent ce qu'eux-mêmes n'ont pu faire

Parfois les parents veulent que leurs enfants fassent une chose dont eux-mêmes ont été privés. Il y a le père qui voulait jouer au base-ball quand il était au lycée mais n'en a pas eu le loisir parce qu'il a dû travailler pour aider sa mère à nourrir la famille après que le père les eut abandonnés. Animé des meilleures intentions du monde, il pousse maintenant son fils à jouer au base-ball. Hélas, malgré ses nombreuses tentatives, son fils préfère les ordinateurs et les échecs, il ne s'épanouit pas du tout dans les sports d'équipe. Bien au contraire, il en sort frustré et abattu. Le rapport de force fait rage entre père et fils.

Parents dont les enfants doivent réussir comme eux-mêmes ont réussi

Il arrive qu'un parent veuille que son enfant suive ses traces. Selon lui ce qu'il faisait était ce qu'il fallait faire ; il le faisait bien, sa méthode à lui était la meilleure, la seule, l'unique, donc l'enfant devrait faire de même. Ce parent ne prend pas en considération la personnalité, l'intelligence, le tempérament de son enfant et il oublie surtout le besoin qu'il a de gérer lui-même une partie de sa vie. C'était le cas de Jean et de son fils Philippe.

Conflit autour des devoirs

Jean et Philippe, son fils de huit ans, étaient coincés dans un rapport de force qui se déroulait chaque jour après l'école. « Fais tes devoirs en rentrant », exigeait le père. « Non, répliquait le fils, je ne veux pas et tu ne peux pas m'y obliger. Je les ferai quand je le voudrai. »

Comme Jean dirigeait son affaire de chez lui, il était toujours à la maison quand Philippe rentrait de l'école et il insistait pour que son fils se mette tout de suite au travail. En CE 1, Philippe a commencé à rapporter des devoirs à faire à la maison ; Jean s'asseyait à côté de lui et ils les faisaient ensemble.

Il en fut de même pendant l'année de CE 2. La mère de Philippe trouvait que Jean se mêlait trop des affaires de son fils. C'était lui qui faisait des efforts à la place de Philippe. Au milieu de l'année de CM 1, Philippe s'est rebellé. Il a refusé de faire ses devoirs en rentrant de l'école. Il voulait d'abord souffler un peu en jouant dehors avec un copain ou en regardant la télé. La dispute commençait ainsi. « Je pourrai m'y mettre un peu plus tard », disait Philippe. « Non, pas question, répliquait Jean. Nous avons toujours fait les devoirs juste après l'école. Tu dois respecter tes priorités. Maintenant assieds-toi et mets-y-toi sans tarder. »

Philippe s'asseyait à la table mais il rêvassait, s'affalait sur sa chaise, griffonnait distraitement sur les feuilles, s'ennuyait visiblement. Cela rendait son père furieux. Père et fils s'obstinaient et le conflit de pouvoir se répétait chaque jour jusqu'à huit heures du soir, moment où le père finissait par faire les trois quarts des devoirs de son fils.

Ce différend mettait Jean hors de lui. La colère est mauvaise conseillère ; quand elle prend le dessus, elle nous empêche de penser. En l'occurrence, elle ne faisait que masquer la peur de Jean. Il imaginait déjà son fils au lycée, refusant de faire ses devoirs et séchant les cours, pour finir peut-être par abandonner ses études et ne jamais entrer à l'université. Oui, ses craintes brouillaient la lucidité de Jean et il se méprenait sur l'attitude de son fils. Elles l'empêchaient de gérer efficacement la situation. La solution pour parvenir à un compromis peut nous paraître évidente : pourquoi Philippe ne pouvait-il pas décider lui-même du moment où il ferait ses devoirs ? Mais Jean n'envisageait même pas de laisser Philippe choisir l'heure et le lieu qui lui convenaient. Il voulait que son fils réussisse tout comme lui. Autrefois Jean était un excellent élève ; quand il rentrait de l'école chaque après-midi, il faisait d'abord ses devoirs avant de se consacrer à ses loisirs. Certes, c'est une attitude admirable, mais il n'est pas réaliste de la part de Jean de compter que Philippe accepte de suivre trait pour trait la même méthode que lui au même âge.

Et donc, ce qui avait débuté comme une simple dispute a vite tourné au véritable conflit d'autorité. Philippe ne faisait pas ses devoirs, Jean les faisait pratiquement à sa place, et chaque fin d'après-midi les esprits s'échauffaient. Cette guéguerre perpétuelle entre père et fils nuisait gravement à leur relation.

En fait Philippe voulait bien faire ses devoirs, il refusait juste que son père décide à sa place de son emploi du temps. Il voulait choisir son lieu et son moment. Il voulait travailler sur la table de la cuisine sans que son père regarde sans arrêt par-dessus son épaule pour vérifier ce qu'il faisait et le forcer à avancer. Il voulait aussi s'y mettre après avoir joué un moment pour décompresser. Le désir du père de contrôler la situation l'empêchait de permettre à Philippe d'agir selon ses choix pourtant raisonnables.

Le père avait de bonnes intentions, il croyait vraiment savoir ce qui était le mieux pour son enfant. Quant à Philippe, il se pensait capable de gérer lui-même son travail scolaire.

Les notes de Philippe en souffraient, autant que la relation père-fils. Il y avait tant d'orages et de tensions chaque soir dans la maison que tous désespéraient que la bataille ne se termine. Si bien que Jean finit par chercher conseil auprès d'un professionnel.

Résolution du conflit autour des devoirs

Le conflit de pouvoir avait pris une telle ampleur que la seule option pour le père fut de se retirer du jeu. Plus tôt dans ce scénario, Jean et Philippe auraient pu parvenir à un compromis, mais il était trop tard. Philippe voulait qu'on le laisse tranquille.

Jean eut du mal à le comprendre sur le moment, mais en se retirant du jeu, il donnait enfin à Philippe l'occasion de réussir par lui-même. Il dut aussi mettre de côté sa peur que Philippe n'échoue une fois qu'il ne serait plus là pour le contrôler, et ce ne fut pas facile. Au fond Jean craignait aussi que son fils n'ait plus besoin de lui une fois qu'il aurait développé ses propres compétences.

Comment Jean est-il sorti du rapport de force ? Il a rassemblé son courage et a dignement déclaré : « Philippe, j'ai repensé à la situation et décidé que ce sont tes devoirs et que tu en as la responsabilité. Si tu as besoin d'aide, sache que je suis disponible. Tu seras libre de t'amuser un moment en rentrant de l'école, mais ensuite, il n'y aura ni télé ni téléphone les soirs d'école après le dîner. J'espère que tu profiteras de ce temps pour travailler. Sinon, tu en assumeras les conséquences toi-même face à ton professeur. Je sais que tu veux bien faire à l'école. C'est à toi de jouer. J'ai confiance en toi et je suis certain que tu sauras endosser la responsabilité de tes études. » Jean a lâché prise et s'est ainsi retiré du combat.

Il s'en est suivi une accalmie durant laquelle Philippe a pu se prendre en main. Il a également mis à l'épreuve son père, qui avait promis de ne plus du tout se mêler de ses affaires. Ce fut assez pénible pour Jean de voir chaque soir Philippe traînasser, et dur pour lui de ne rien dire quand il le voyait se dépêcher de terminer son travail au petit déjeuner avant de partir le matin. Pourtant il s'est abstenu de tout commentaire, quittant la pièce en silence.

Au bout d'un mois de ce régime, Philippe s'est mis à faire une partie de son travail scolaire en fin d'après-midi. Trois mois plus tard, son père a pu s'asseoir à la table de la cuisine pour travailler sur ses affaires en cours tandis que Philippe faisait ses devoirs et révisait ses leçons. Le père n'intervenait qu'à la demande du fils mais, par sa simple présence, il lui apportait son soutien et encourageait ses efforts. Jean était là, disponible pour échanger et s'intéresser à ses études sans ingérence abusive. Si Jean avait perdu bien des batailles, il avait gagné la guerre puisque Philippe assumait enfin ses responsabilités, ce qui était son but à l'origine.

Le point de départ du conflit était que Jean s'impliquait plus que son fils dans ses études. Dès lors que le parent s'investit plus que l'enfant, il prépare le terrain à un conflit de pouvoir, qui y pousse et prospère. Les parents ont plutôt intérêt à cultiver et à nourrir l'intérêt de l'enfant tout en précisant à mesure leurs attentes.
Le conflit entre Philippe et son père était certes très critique, pourtant leur exemple peut être instructif si nous nous retrouvons dans ce genre de rapport de force avec notre enfant : mieux vaut y mettre un terme au plus vite avant que la situation ne nous échappe.

Douleurs de croissance parentale

Nous aimerions tous posséder un instinct parental sûr et infaillible. Pourtant, tous autant que nous sommes, nous devenons parents sans avoir aucune expérience, et c'est à force de nous tromper que nous apprenons. Pour les parents, il n'y a pas d'autre voie que ce chemin semé d'embûches, au fil duquel nous tirerons des leçons de nos erreurs et apprendrons à chaque nouvel enfant.

À mesure que nos enfants grandiront et réclameront plus d'autonomie, nous connaîtrons des hauts et des bas dans notre relation avec eux. Certaines de ces vicissitudes comprendront des conflits de pouvoir. Quand l'on entre en conflit avec son patron, on peut démissionner. Ou déménager si c'est avec un voisin. Un couple qui bat de l'aile peut toujours envisager de divorcer. Mais on ne divorce pas d'avec ses enfants !

Les conflits de pouvoir sont les douleurs de croissance des relations humaines. Les adultes manquent en général de souplesse, pourtant il en faut une bonne dose pour élever des enfants, pour s'adapter continuellement à chacun au fur et à mesure de leur croissance.

Lorsque, au début, Jean a lâché prise et s'est retiré du conflit avec Philippe à propos des devoirs, il s'est senti vaincu, impuissant. Mais comme tous les parents, Jean dispose en fait d'une énorme influence sur son enfant dont il peut user de façon positive ; chaque parent a juste besoin de découvrir où se trouve son véritable pouvoir afin d'y puiser à bon escient.

10. Puiser dans notre vrai pouvoir

Nous comprenons à présent que lorsque nous essayons à tout prix d'imposer notre volonté à notre enfant concernant un problème particulier, non seulement nous perdons la bataille, mais nous en sortons avec une impression d'impuissance et d'épuisement émotionnel. Dans ces moments-là, nous nous demandons peut-être : « Où donc se trouve mon véritable pouvoir de parent ? »

Lorsque nous perdons manifestement un conflit de pouvoir, comme Jean avec son fils Philippe, cela nous laisse songeur : « Comment aurais-je pu l'éviter en premier lieu ? », nous disons-nous.

Dans ce chapitre, nous verrons comment Jean aurait effectivement pu éviter ce rapport de force à propos des devoirs tout en aidant son fils à se responsabiliser. Nous apprendrons aussi six façons positives d'user de notre pouvoir parental pour influencer et guider efficacement nos enfants.

Comment le conflit autour des devoirs aurait pu être évité

Jean s'est demandé ce qu'il aurait pu faire pour éviter ce conflit avec Philippe. Comment aurait-il pu influencer son fils de façon positive pour l'aider à acquérir des habitudes constructives sans s'engager avec lui jour après jour dans cette épuisante bataille de volontés ?

Pour éviter d'en arriver là, Jean aurait eu tout intérêt à définir en premier lieu son objectif, qui était de guider Philippe sur la voie de la responsabilité pour qu'il s'habitue à faire ses devoirs tout en l'aidant à progresser dans ses études et à devenir autonome.

Dans de telles situations, la technique dite formatrice est la plus utile. Les parents forment le comportement de leur enfant en lui enseignant pas à pas une nouvelle compétence tout en le soutenant de façon positive tout au long de cet apprentissage (cf. chapitre 7).

Avec le recul, Jean a regretté de n'avoir pas compris l'importance de montrer l'intérêt qu'il portait aux devoirs de Philippe en le soutenant discrètement, lui disant par exemple : « Voyons les devoirs que tu as à faire ce soir. Ah, de l'arithmétique et de l'orthographe. » Jean sait à présent combien il est essentiel de proposer des choix. « Préfères-tu faire tes devoirs en rentrant de l'école ou après avoir joué un moment dehors ? T'installer à la table de cuisine ou dans ta chambre ? » « Bon, tu préfères les faire dans la cuisine après avoir joué au ballon... très bien. »

Jean ne comprenait pas non plus combien la proximité physique est précieuse. Il aurait pu s'asseoir tranquillement à côté de Philippe en disant : « Moi aussi j'ai du travail. Je m'installe à la table ; si tu as besoin d'aide, je suis là. » Ainsi, tout en s'occupant, Jean aurait pu s'intéresser aux devoirs de Philippe sans s'ingérer pour autant. Il ignorait à l'époque que sa présence et une attention discrète auraient été ses meilleurs outils pour aider Philippe sur la voie de la responsabilité.

Si Philippe avait regimbé pour faire ses devoirs même après avoir choisi l'heure et le lieu qui lui convenaient, il aurait mieux valu que Jean conserve une attitude calme et confiante et use de son influence par sa présence, sa voix, son langage corporel pour l'inciter à s'y mettre, en lui faisant cette petite déclaration de principe : « Dans notre famille, les études passent en premier. Faire tes devoirs, c'est ta plus grande responsabilité. » Alors, une fois que Philippe se serait assis pour travailler, Jean aurait pu le soutenir de sa présence en lui montrant de l'intérêt, dans un calme propice à l'étude.

À des moments choisis, Jean aurait également pu faire quelques remarques sur ce qu'il attendait de son fils. « Tu sais, les études c'est important. Tu es intelligent... Je compte sur toi pour travailler et progresser. »

Durant les années de cours élémentaires, il aurait été judicieux, une fois les devoirs du soir terminés, que son père demande à Philippe s'il voulait qu'il y jette un coup d'œil. Jean aurait commencé par remarquer ce que Philippe avait fait de correct, « Je vois que tu as bien répondu aux questions posées. Tu as écrit tous tes mots sans faute d'orthographe et tu as terminé ton problème de maths. Bravo. » Alors seulement il aurait demandé à Philippe de faire encore un effort pour toucher au but. « Mais je vois aussi deux réponses incorrectes. Recommence, je sais que tu peux y arriver. Je t'aiderai si besoin est. » Là, il aurait fallu un peu de doigté. Si Philippe avait résisté, disant qu'il préférait que ce soit son maître qui corrige ses fautes, il aurait mieux valu que Jean abandonne provisoirement la partie. « D'accord Philippe, j'aurais aimé que tu reprennes ces problèmes à zéro, mais c'est à toi de voir ; c'est entre ton maître et toi. » Une bonne façon pour Jean de confier les manettes et la responsabilité à

Philippe. D'ailleurs le fils, voyant son père rester en retrait, aurait sans doute de lui-même revu ces problèmes d'arithmétique. Surtout, son père aurait ainsi adroitement évité un conflit d'autorité, tout en continuant à pousser son fils vers le progrès et l'indépendance. La relation père-fils serait restée indemne.

Les parents résolvent fréquemment les problèmes que leur posent leurs enfants en se contentant de leur dire ce qu'ils doivent faire. Or, mieux vaut leur expliquer le processus de résolution à haute et intelligible voix. Ce faisant, les enfants apprennent comment nous sommes parvenu(e) à telle ou telle conclusion. « Je vois que tu as fini tes devoirs. Ton cahier de textes et tes livres de classe sont toujours sur la table. Si tu les y laisses, ils encombreront la table au moment du petit déjeuner. Je te suggère alors de les ranger dès maintenant dans ton sac à dos et de poser ton sac près de la porte d'entrée. Ainsi, tu l'auras à portée de main au moment de partir pour l'école. »

À mesure que Philippe progressait dans ses études, il aurait mieux valu que Jean lui retire peu à peu son soutien, ceci afin d'obtenir de son fils qu'il soit complètement autonome au moment d'entrer en sixième. Les parents ont toujours besoin de montrer leur intérêt et de proposer des idées à leurs enfants quelles que soient leurs activités, mais il est important pour l'enfant de prendre confiance en lui à mesure qu'il s'investit davantage dans son travail scolaire et que ses responsabilités s'accroissent.

Pour réussir, Jean aurait aussi eu tout intérêt à considérer Philippe comme un individu à part entière, unique et différent de lui. Compter sur le fait que Philippe réussisse en suivant exactement la voie que lui-même avait prise étant jeune était injuste et irréaliste. Jean aurait pu préciser ce qu'il attendait de son fils et le guider vers ce but, mais en comprenant que c'était à Philippe de trouver sa propre méthode et son propre style pour gérer ses études en toute responsabilité.

Hélas, Jean n'a pas procédé ainsi et il s'en est suivi un conflit de pouvoir. Nous n'avons sûrement pas envie que notre enfant déclare à un certain moment de sa vie : « Vous savez, en fait je voulais vraiment faire mes devoirs et être un élève studieux, mais mon père m'a tellement harcelé pour que je procède à sa manière que j'ai dû m'affirmer en faisant le contraire de ce qu'il attendait. » Toute insistance trop lourde et trop fréquente de la part des parents a un impact négatif sur les enfants.

Puiser dans notre pouvoir positif

Nous avons, en tant que parent, un pouvoir considérable : celui d'influencer, de guider et d'instruire nos enfants. Plutôt que de tenter de les contrôler en sortant vainqueur d'un conflit de pouvoir, nous pouvons recourir aux six méthodes suivantes, qui font un usage bien plus efficace de notre réel pouvoir parental.

Se centrer sur le positif. Plutôt que d'entrer en conflit avec notre enfant en mettant sans cesse le doigt sur ce qu'il fait mal, nous pouvons puiser dans notre pouvoir positif en remarquant ce qu'il fait bien.

Notre fille de cinq ans s'amuse à rassembler un puzzle. Elle en est à la moitié, mais commence à se lasser. Voici l'occasion pour nous d'adopter une attitude positive ou négative.

Négative : « Tu ne vas donc pas terminer ce puzzle ? Pourquoi ne termines-tu jamais rien ? Tu n'as aucune suite dans les idées. » Nous croyons peut-être, en disant cela, l'encourager à finir le puzzle. Hélas, ce genre de remarques paralyse les enfants et devient souvent une prédiction qui se réalise.

Positive : « Bravo, tu as réussi à en assembler la moitié ! Tu as peut-être envie de faire une petite pause et de terminer le puzzle plus tard, ou bien veux-tu que je t'aide à le finir dès à présent ? »

Notre fille d'âge préscolaire apprend à s'habiller seule. Il lui manque juste ses chaussures. Plutôt que de le lui faire remarquer, mieux vaut relever ce qu'elle a déjà accompli, puis l'inciter en douceur à terminer. « Je vois que tu es tout habillée : dessous, chemisier, pantalon, chaussettes. Bravo. N'oublie pas de mettre aussi tes chaussures avant que nous montions en voiture. »

Inutile de la couvrir d'éloges en lui disant combien elle est formidable, merveilleuse... Il est préférable de décrire d'un ton neutre un comportement précis dont nous avons envie qu'il se reproduise, ou un agissement que nous apprécions. Dire : « J'ai remarqué que tu avais fini tout le travail que tu avais à faire, bravo » a plus de sens que de s'exclamer : « C'est génial d'avoir fini tes devoirs ! Tu es une gamine formidable ! »

Proximité physique. Pour obtenir de notre enfant qu'il fasse ce que nous désirons, nous pouvons être tenté(e) d'user de persuasion, de raisonnements, d'explications. S'il n'obéit toujours pas, la fureur risque de nous gagner. Or elle est contagieuse, et s'il se met en colère lui aussi, il peut s'ensuivre une bataille émotionnelle, éprouvante pour lui comme pour nous.

Plutôt que d'employer une méthode directe et autoritaire, mieux vaut prendre conscience que notre présence, notre intérêt et notre engagement nous assurent un contrôle aussi subtil que puissant, et que nous pouvons ainsi influencer notre enfant en douceur vers une modification de son comportement. Souvent les mots sont superflus. Notre proximité physique suffit.

Disons par exemple que notre fille dessine une carte pour fêter son anniversaire à sa grand-mère. Nous lui apportons le matériel nécessaire et nous asseyons près d'elle jusqu'à ce qu'elle ait terminé son dessin. Pendant qu'elle travaille, au lieu d'intervenir en la pressant ou en la critiquant, mieux vaut nous contenter de l'observer en ne faisant que des commentaires positifs tels que : « Comme elles sont jolies les fleurs que tu as dessinées. » Notre présence et notre intérêt suffiront à encourager notre fille et elle terminera volontiers sa carte d'anniversaire.

Supposons que nous avons entendu nos enfants se disputer à propos de la place qu'ils veulent chacun occuper pour regarder la télé. Nous sommes là pour intervenir si la dispute dégénère en bagarre, mais le fait de nous rapprocher d'eux physiquement suffit en général à calmer le jeu. S'ils font appel à nous pour régler leur différend, nous pouvons leur répondre : « Je vous fais confiance, vous êtes assez grands pour régler le problème vous-mêmes sans que j'aie à m'en mêler. » Si c'est l'impasse et que les esprits s'échauffent, nous pouvons nous interposer pour régler la question ou mettre fin à la dispute par la négociation.

Exprimer notre affection quand nous posons des limites. Il arrive que dans une situation concernant nos valeurs, la santé ou la sécurité de notre enfant, nous soyons amené(e) à adopter une position résolue et inébranlable. Si nous lui disons : « Quand je dis non c'est non ! C'est moi l'adulte et c'est moi qui décide », nous risquons de provoquer chez lui de la rébellion et de faire naître un conflit. Au lieu de cela, nous avons à lui communiquer que notre décision est empreinte d'amour pour lui et ne provient pas d'un désir de contrôle sur lui. Quand nous montrons de la fermeté, exprimons-lui notre amour tout en sachant poser des limites.

Nous pouvons dire à notre fils de deux ans : « Je ne peux pas te laisser courir sur le parking. Je sais que tu adores courir partout, te cacher et faire coucou ! Mais tu auras beau crier et trépigner, je t'emmènerai avec moi dans le magasin. Ce n'est pas pour le plaisir de te commander mais parce que je t'aime fort. Je vais veiller sur toi jusqu'à ce que tu sois assez grand pour te surveiller tout seul. »

Nous pouvons ou non prononcer ces paroles à haute voix, mais nous pourrons au moins les penser. Ce discours interne nous aidera à vérifier que notre volonté de contrôle est réellement inspirée par l'amour et l'intérêt de notre enfant.

Nous pouvons expliquer à notre fils de huit ans : « Je ne peux pas te laisser regarder ce film. Voir ces scènes de violence n'est pas sain pour toi. Je ne cherche pas à contrôler tous les aspects de ta vie, je sais que je ne le peux pas. Mais je t'aime suffisamment pour désirer te protéger de ces influences nocives. »

Transmettre nos valeurs. Bien des conflits de pouvoir entre parents et enfants adviennent lorsque ces derniers semblent ne pas adhérer aux valeurs parentales. Les leur imposer ne fait qu'engendrer tensions et rejet. Inutile donc de tenter de les leur faire ingurgiter de force. En revanche, avec une approche subtile, discrète, mais déterminée, le pouvoir nous revient de permettre à nos enfants de consacrer du temps à des activités que nous valorisons et de les orienter vers des centres d'intérêt importants pour nous.

Projetons-nous dans le futur, à l'époque où ils seront devenus de jeunes adultes : quels centres d'intérêt aimerions-nous qu'ils aient ? Voulons-nous qu'ils soient impliqués dans des études universitaires, dans un sport, qu'ils aiment la lecture, la cuisine ?

Prenons la lecture. Comment faire pour donner à des enfants le goût de lire ? Tout d'abord, il est essentiel de lire nous-même. Si nous voulons que notre enfant poursuive un but, il est crucial de lui présenter le modèle que son cerveau le mènera à imiter. Si la lecture est pour nous une priorité, nous passerons naturellement beaucoup de temps à lire. La façon dont nous occupons notre temps souligne nos valeurs.

En plus de lire nous-même, nous pouvons faire la lecture à nos enfants, les emmener à la bibliothèque, dans une librairie. Il est utile d'associer le fait de lire à des éléments positifs. Ainsi, quand nous faisons la lecture à nos enfants, il faut que ce soit aussi un moment de tendresse. Quand ils apprendront à lire en trébuchant sur les mots, ne cherchons pas la performance parfaite ; un accompagnement patient et chaleureux les aidera davantage. Sans leur faire la leçon, nous pouvons leur démontrer les bienfaits de la lecture, source inépuisable de connaissances et de plaisirs. « Je ne m'ennuie jamais car j'ai toujours un livre sous la main » et « Grâce aux *Trois Mousquetaires*, j'ai appris un tas de choses passionnantes sur l'histoire du XVIIe siècle. »

Libre à nous d'édicter une règle : « Dans notre famille, il n'y a pas de télévision, pas de téléphone ni d'activités parascolaires entre sept et huit heures du soir les jours de semaine. C'est un moment consacré aux devoirs ou à la lecture. »

Pour les familles de lecteurs, la lecture est bien davantage qu'un simple loisir. Elle fonde toute recherche intellectuelle ; elle permet de comprendre l'histoire, de suivre l'actualité et forme des esprits critiques, intéressants, cultivés. Ce sont ces bienfaits que les parents qui attachent beaucoup d'importance à la lecture souhaitent, à long terme, transmettre à leurs enfants.

Nous pouvons emprunter la même voie pour inculquer des valeurs telles que la vie familiale, le sport, tout ce qui compte beaucoup pour nous. Les parents détiennent ce pouvoir.

Inculquer des vertus, des qualités. Si nous nous rendons compte que notre fille de dix ans n'est pas assez polie à notre goût, nous pouvons être tenté(e) d'exiger d'elle qu'elle dise « merci », « de rien » et « s'il vous plaît » plus souvent. Mais nous risquons d'entrer dans un bras de fer dont nous ne sortirons pas vainqueur.

Nous ne pouvons pas forcer notre fille à être polie, gentille, responsable, honnête, mais nous avons l'immense pouvoir de lui insuffler ces qualités de façon positive, tout en lui permettant de développer son caractère.

Quelles qualités aimerions-nous la voir acquérir ? Ce peut être la politesse, l'intégrité, la compassion, l'autonomie. Voici quelques façons d'y parvenir.

Dès que nous voyons quelqu'un faire preuve d'une de ces qualités, nous pouvons le souligner. Par exemple : « Olivier (le fils des voisins) a trouvé un billet de cinquante euros dans notre allée et il me l'a rapporté. C'est une belle démonstration d'intégrité. »

Quand notre enfant manifeste une vertu, pour la renforcer, nous pouvons décrire son comportement, puis ajouter un commentaire positif. Mettons qu'en entrant dans la cuisine, nous découvrions notre fils aîné s'occupant de panser le genou écorché de son petit frère. C'est l'occasion pour nous de décrire la compassion. « Comme c'est attentionné ! Ton petit frère s'est fait mal et tu le soignes. »

Leur servir de modèle pour leur montrer les qualités qui comptent pour nous est essentiel. Nous pouvons aller plus loin en appuyant nos actes par des mots. « Je porte un plat chaud à Mme Boudaux. Elle s'est fait opérer la semaine dernière et j'ai envie de lui faire plaisir. » Ce n'est pas de la vantardise mais la description et l'explicitation d'une qualité qui nous est chère et que nous mettons en pratique.

Nous pouvons également guetter des faits divers, des événements dans les journaux, à la télé et dans notre vie quotidienne illustrant les qualités que nous admirons. Nous avons le pouvoir de faire s'épanouir chez nos enfants les qualités que nous admirons. Mais attention à ne pas insister lourdement. Trop de pression serait contre-productif.

Définir clairement ce que nous attendons de nos enfants. Les parents attendent trop souvent de leurs enfants qu'ils se conduisent de telle ou telle façon sans les en informer par avance. Quand le comportement des enfants ne répond pas à cette attente non dite, les parents sont frustrés, en colère, ce qui ne résout rien. Il en résulte parfois des conflits de pouvoir. En n'informant pas nos enfants de ce que nous attendons d'eux, nous allons au-devant de déceptions et les mettons en situation d'échec.

Définir clairement nos attentes fait partie de l'exercice constructif du pouvoir parental. Il suffit juste d'expliquer à l'enfant ce que nous attendons de lui. Invités à dîner chez des amis, nous prévenons nos enfants que nous comptons sur eux pour qu'ils disent « s'il vous plaît », « merci », et pour qu'ils ne courent pas partout dans la maison. En ce qui concerne les études, nous pouvons leur exprimer que nous attendons d'eux qu'ils fassent leurs devoirs. Quant à leurs affaires personnelles, si c'est à eux d'en prendre soin, de ne pas les égarer et de les tenir propres, mieux vaut leur préciser qu'il en va de leur responsabilité. C'est évident pour nous mais tant que nous ne l'avons pas formulé, cela ne l'est pas forcément pour eux.

Il est toutefois judicieux de vérifier au préalable si ces attentes sont appropriées à leur âge. Par exemple, attendre de notre enfant de trois ou quatre ans qu'il reste assis en silence durant une longue cérémonie à l'église n'est pas réaliste.

En général avec de jeunes enfants, nous aurons intérêt à revoir nos attentes juste avant l'activité prévue. Quand on prend l'habitude d'exprimer ses attentes à haute voix, les enfants apprennent à écouter et accomplissent plus vite les actions demandées. Au lieu de les mitrailler de tout un tas d'exigences, mieux vaut limiter les demandes à une ou deux à la fois. « Vous allez faire une virée en vélo de huit kilomètres. Je compte sur vous pour rester ensemble et m'appeler à la maison dès que vous serez arrivés. »

Enfin, par nos paroles et attitudes, il est important de faire clairement comprendre à notre enfant que si nous attendons de lui qu'il apprenne à se servir des toilettes, qu'il fasse ses devoirs ou s'habille convenablement, à aucun moment cela ne modifie notre amour pour lui. Il peut arriver que le comportement de nos enfants nous déçoive, mais nous les aimons toujours. Pas vrai ?

Meilleure sera notre relation avec notre enfant, moins nous aurons de risque de nous engager dans un conflit de pouvoir avec lui, et plus nous aurons de chance qu'il reste ouvert à notre influence. Une relation aimante entre un parent et son enfant ne va pas totalement de soi. Elle se travaille et se construit au quotidien. Si un conflit de pouvoir nous a opposé(e)s, il importe de faire tout notre possible pour reconstruire la relation. Il existe des façons bien précises d'y parvenir.

11. Reconstruire des relations détériorées

Quand une bataille volonté contre volonté perdure entre parent et enfant, c'est la relation dans son ensemble qui en pâtit. Cela peut aller jusqu'à ce que le parent ait le sentiment de ne pas vraiment aimer son enfant et que ce dernier de son côté cherche à éviter le contact. Par conséquent, une fois le conflit terminé, il est dans l'intérêt des deux parties de faire tout ce qui est en notre pouvoir pour reconstruire la relation. En tant que parent, c'est à nous d'initier et de prendre en charge ce processus.

Lorsqu'un conflit prend fin, nous aurons peut-être envie d'éviter les sujets de discorde. Nous serons tenté(e) de gâter notre enfant en lui offrant des jouets, des sorties, et d'être moins strict(e) sur le plan de la politesse, des tâches domestiques ou des études.

Mieux vaut adopter l'approche suivante, qui s'effectue à deux niveaux : se centrer sur ce que notre enfant a su accomplir, le remarquer et exprimer délicatement notre approbation pour ses progrès en cours en soulignant que nous l'aimons pour lui-même, juste parce qu'il existe.

Les enfants sont sans cesse en train d'acquérir de nouvelles compétences. Qu'il apprenne à utiliser les toilettes, à lire ou à sauter à la corde, notre enfant a besoin de notre présence, de nos encouragements et de mesurer l'intérêt que nous lui portons. Parallèlement, il a aussi besoin de savoir que même s'il n'arrivait pas à progresser dans tel ou tel domaine, nous ne l'en aimerions pas moins. L'amour que nous lui portons ne dépend en rien de ses échecs ou succès. Le parent nourricier sait comment parvenir à cet équilibre.

Plus nous construirons notre relation avec notre enfant, plus nous constaterons ces trois bienfaits : 1) dans l'ensemble, notre enfant se montre en général plus complaisant quand nous lui faisons des demandes raisonnables, 2) s'il arrive que surgisse entre nous un conflit de pouvoir, il est généralement de courte durée et notre relation s'en remet vite ; nous avons une immense réserve de rapports positifs établis entre nous et notre enfant qui nous permet à tous deux de traverser la crise et, 3) nous restons une influence positive et puissante dans sa vie. Les enfants ont tant besoin de leurs parents ; ce sont les personnes qui comptent le plus dans leur vie.

Prodiguer un amour inconditionnel

Un amour inconditionnel est un puissant baume de guérison. Il dit à notre enfant que nous l'aimons pour lui-même. Que l'amour que nous lui portons ne se fonde pas sur l'apparence, le comportement, les réussites, le talent, les compétences, mais sur son existence et rien d'autre. Il y a bien des façons d'exprimer un amour inconditionnel.

Dire « je t'aime » avec des mots doux, de petits gestes tendres. Nous pouvons lui déclarer sans détour : « Je t'aime et je suis content(e) que tu sois ma fille, ou mon fils. » Pourquoi ne pas le dire, puisque c'est vrai ? L'amour s'exprime aussi par des câlins, des caresses. Chaque fois que nous prenons notre enfant sur nos genoux, nous l'assurons de notre amour sans qu'il soit besoin de parler. Bien sûr, à mesure qu'il grandira, ce geste-là sera moins fréquent. Il n'en aura pas moins soif de contacts physiques ; les étreintes, les massages, les petits gratouillis complices sont des alternatives qu'il acceptera bien volontiers.

Regarder notre enfant dans les yeux et avec amour. Quand il s'adresse à nous, notre attitude physique est importante. En se tournant vers lui pour l'écouter avec attention tout en le regardant dans les yeux, nous lui prouvons que nous nous intéressons à ce qu'il a à dire et qu'il compte pour nous. D'autres fois, nous pouvons lui exprimer notre admiration par des regards aimants, des sourires. Ces simples marques d'affection lui démontrent l'amour inconditionnel que nous lui portons.

Alimenter et favoriser la conversation. Quand notre enfant dit : « Chut, ma poupée dort, tu vas la réveiller », nous pouvons jouer le jeu et lui répondre : « D'accord, je me tais. Tu crois qu'elle va dormir encore longtemps ? »

Lorsqu'il rentre de l'école et dit en arrivant : « Mon équipe a gagné à la récré aujourd'hui », au lieu de répondre par un oui évasif ou par un « bon, et quand comptes-tu faire tes devoirs ? », pourquoi ne pas poursuivre la conversation en disant : « Ah oui ? Et à quoi jouiez-vous ? Quel était le score ? » Les questions prouvent à l'enfant que nous prêtons vraiment attention à ce qu'il dit et que nous avons envie d'en savoir plus.

Participer aux activités de l'enfant en lui laissant l'initiative. Notre fils s'amuse avec des Legos® ? Nous pouvons nous asseoir avec lui pour participer à la construction. Au lieu de nous attaquer à un projet plus ambitieux que le sien, mieux vaut le copier ou en réaliser un autre qui ait le même niveau de complexité. Participer aux activités de son enfant, c'est consacrer du temps à construire la relation, non à entrer en compétition avec eux ni à les diriger.

Remarquer les moments où notre enfant s'en va et revient. Lorsque notre fille rentre de l'école, nous pouvons l'accueillir avec un simple, « Ça me fait plaisir de te voir », et quand elle sort jouer dehors, lui demander affectueusement : « Où vas-tu et quand comptes-tu rentrer ? »

Les enfants ont besoin de savoir que nous remarquons leur présence et absence, que cela ne nous est pas indifférent. Ces petites phrases anodines sont une façon courante et facile de leur montrer que nous nous soucions d'eux. Nous leur transmettons ainsi le message suivant : « Dans notre famille, nous aimons bien rester en contact et savoir où chacun se trouve. » Quand on a su le faire passer quand ils étaient petits, le message perdurera à l'adolescence, une période où il importe encore plus de suivre leurs allées et venues.

Prendre part à une activité agréable pour lui comme pour nous apporte beaucoup à l'enfant. Ce peut être cuisiner, construire un modèle réduit, aller au cinéma ou encore faire du sport.

Jessica ne s'était jamais intéressée au sport mais son fils aimait en faire et regarder les émissions sportives à la télé. Pour se relier à lui, Jessica a cultivé, quitte à feindre parfois, un intérêt pour les sports, ceci afin de maintenir un lien avec son garçon. S'il leur arrivait de se disputer, c'était oublié dès que leur équipe de football favorite entrait sur le terrain.

Accepter ses sentiments. Les sentiments ne sont ni mauvais ni bons, ils surviennent, voilà tout ; quand ils sont acceptés et compris, ils se résolvent d'eux-mêmes. Compatir en disant : « Je sais que tu n'es pas content que je sois moins avec toi depuis que ta petite sœur est née », exprime une compréhension que l'enfant traduit comme de l'amour. Accepter les sentiments de l'enfant ne signifie pas tolérer tous les comportements. « C'est très énervant d'avoir comme frère un bébé qui pleure, mais je ne te permets pas de le pincer. »

Apporter de l'aide. L'une des règles de base de la parentalité, c'est de ne pas faire à la place des enfants ce qu'ils peuvent faire seuls. Pourtant, dans un moment de panique ou de détresse, lui prêter assistance est un geste d'amour. Par exemple, si Martin est en retard pour prendre son bus et qu'il n'arrive pas à retrouver son sac à dos, pourquoi ne pas l'aider ? Évidemment il faut rester attentif à ce que cela ne se mue pas en routine quotidienne ! De même si notre enfant a besoin d'argile, de carton et de fil de fer pour réaliser un projet scolaire, l'aider à trouver les matériaux nécessaires n'est pas seulement un appui logistique, c'est une manifestation d'amour.

L'amour se conjugue à l'apprentissage de nouvelles compétences

Maintenant que nous avons vu comment exprimer notre amour inconditionnel, voyons comment équilibrer cette affection avec notre reconnaissance et notre soutien face à ses efforts dans l'acquisition de compétences. Si nous exagérons nos éloges et démontrons un indéfectible amour sans lui demander de se développer, nous risquons de créer un petit prince ou une petite princesse qui pense que tout ce qu'il ou elle fait est adorable et merveilleux, même quand il ou elle montre peu de self-control ou d'esprit de responsabilité.

Voici quelques idées pour inciter les enfants à devenir des personnes compétentes, responsables, autonomes, œuvrant à actualiser leur potentiel.

Remarquer et commenter leurs accomplissements. « J'ai remarqué que tu avais fini ton devoir de maths, bravo. » Les remarques, les commentaires ont davantage de sens pour les enfants que les jugements. Dire : « Je vois que tu as mis tous les cubes dans la boîte rouge » a plus de sens que de déclarer « Bon travail ». Décrire précisément les actes positifs de notre enfant, c'est lui montrer que nous prenons le temps de remarquer ce qu'il a su accomplir.

Les mots ont un vrai pouvoir de renforcement des comportements. Nous verrons ces derniers s'installer et même s'améliorer. Quand nous désirons que notre enfant aille un cran plus loin, décrivons précisément ce qu'il vient de réussir avant de formuler notre demande : « Tu as mis la table. Merci. Tu peux rajouter les serviettes, s'il te plaît. »

Souligner les petits pas accomplis, sans attendre ni insister sur la perfection. Certains parents négligent de remarquer les progrès accomplis et insistent sur ce qui reste à faire, soulignant que l'enfant pourrait faire davantage ou mieux. C'est décourageant pour lui.

Qu'il apprenne à ranger sa chambre ou à faire ses devoirs, souligner chaque petit progrès accompli vers ce but sera d'une grande efficacité. « Tu apprends à écrire ton nom. Je vois même que tu sais maintenant écrire la première lettre en capitale. » « Tu parviens à épeler huit mots de ta leçon d'orthographe. Tu es sur la bonne voie ! » « Tu as ramassé tous tes Lego®. Merci. » À mesure qu'il progresse, nous pouvons encourager notre enfant : « Tu as su t'y prendre comme un chef », « Bravo », « Je suis fier(e) de toi et je parie que toi aussi tu es fier(e) de toi. »

Observer notre enfant avec une expression aimante et approbatrice à mesure qu'il progresse dans tel ou tel domaine. Nous rappelons-nous comment nous le regardions alors qu'il apprenait à marcher ? Il a besoin de voir le même air d'adoration dans nos yeux lorsqu'il apprend à lire, à faire du vélo ou qu'il remercie poliment sa grand-mère pour un cadeau d'anniversaire. Quand notre fils de sept ans apprend à faire du patin à roulettes, il appréciera que nous manifestions notre soutien et notre intérêt en le regardant s'entraîner.

Soutenir ses efforts vers la réussite. S'il travaille sur un projet scientifique et requiert notre assistance, il s'agit de la lui accorder, sans prendre le dessus. Le rôle du parent est d'apporter de l'aide, mais pas plus que le minimum nécessaire. Nous voulons que le projet soit la réussite de notre enfant, pas la nôtre. S'il s'intéresse aux trains, nous pouvons l'emmener à la bibliothèque emprunter des livres sur le sujet, organiser un voyage en train ou visiter un musée des chemins de fer. Le défi est de l'accompagner dans ses centres d'intérêt sans chercher à le dominer.

Accepter son aide. Les bambins de deux ans nous voient cuisiner, faire le ménage, nous servir de l'ordinateur, ils copient. Ils veulent faire ce que nous faisons, être à nos côtés. Ils croient nous aider, alors qu'ils nous embarrasseraient plutôt. Leur permettre de participer est néanmoins important. Chaque fois, cela leur donne un sentiment de compétence qui les aide à développer toujours davantage leurs capacités. À l'âge de l'école maternelle, ils adorent aider aussi : ils peuvent mettre la table, nourrir le chien, préparer des cookies avec nous. Nous ferions sans doute toutes ces choses mieux et plus vite sans eux, mais pourquoi les priver de ce plaisir ? Les faire participer, leur montrer comment s'y prendre pour mener à bien telle ou telle tâche et les féliciter construira leur confiance en leurs capacités. Ce sont des apprentis zélés, surtout quand ils collaborent avec nous, leurs parents.

Dès sept ans, les enfants sont capables de travailler dur. Ils se plongent dans des hobbies, des projets, des tâches qui contribuent réellement à la vie du foyer, de l'école, et même de la communauté. Encouragements et soutien nourrissent cette tendance industrieuse. S'ils développent un savoir-faire ou un talent qui nous échappe, pourquoi ne pas les laisser nous le montrer ou même nous l'enseigner ?

Dire « non » et fixer des limites. N'allons surtout pas croire que poser des limites adaptées à l'âge de notre enfant soit préjudiciable à notre relation. Faire savoir aux enfants ce que nous attendons d'eux, leur dire clairement ce que nous autorisons ou non leur procure de la sécurité affective. Chaque enfant se sent rassuré de savoir qu'un parent aimant et attentif veille au grain et se tient prêt à intervenir pour lui éviter des embûches.

Limiter les critiques. Magali, cinq ans, veut emballer elle-même un cadeau pour l'anniversaire d'une de ses camarades. Elle s'applique beaucoup, en utilisant trop de scotch et pas assez de papier. Ce n'est certes pas un paquet artistique, pourtant elle est fière de ce qu'elle a accompli. Pointer ses erreurs dans sa technique d'emballage ne serait pas judicieux mais contre-productif. Si nous désirons qu'elle devienne experte en emballage, mieux vaut attendre la prochaine fois, quand nous-même aurons un cadeau à emballer. Ce sera l'occasion de lui montrer comment procéder. Ou bien, si elle a de nouveau un paquet à faire, avant qu'elle ne démarre, nous pouvons lui expliquer comment découper le papier à la bonne taille pour qu'il recouvre tout le paquet. Nous le ferons en lui posant des questions et en la faisant réfléchir. « Comment vas-tu savoir si ton papier est assez grand ? » Si nous nous empressons de lui démontrer qu'elle a fait du mauvais travail alors qu'elle est fière du résultat, nous la coupons dans son élan et l'empêchons d'avoir envie de progresser. Une critique après coup n'est pas stimulante, bien au contraire. Si nous patientons jusqu'à une prochaine occasion pour prodiguer des conseils, ils seront mieux reçus et donc plus utiles à l'enfant. Cela, c'est instruire et non critiquer. Prendre conscience de la grande différence qu'il y a entre critique et pédagogie est on ne peut plus pertinent.

Quand l'enfant fait preuve d'un talent ou d'une qualité à renforcer, c'est le moment de le souligner en décrivant le comportement spécifique. Noé vient de casser une vitre des voisins en jouant au foot. Il en informe immédiatement sa mère. Cette dernière lui explique qu'il va payer la vitre avec son argent de poche, mais qu'elle apprécie grandement qu'il soit venu lui dire la vérité. En disant à notre enfant ce que nous aimons, apprécions, et admirons chez lui, nous l'aidons à s'apprécier, à s'aimer et à être fier de lui lorsqu'il démontre cette qualité.

Là encore, il importe de trouver un bon équilibre. Si nous nous centrons uniquement et systématiquement sur ce que notre enfant accomplit, nous le poussons à devenir surperformant ou sous-performant. Le premier croit qu'en obtenant les meilleures notes, en devenant capitaine de son équipe de foot et en remportant le concours d'orthographe, il gagnera notre amour et notre admiration. Le second comprend qu'il ne sera jamais à la hauteur de ce que ses parents attendent de lui car ils ne cessent de lui rappeler qu'il aurait pu mieux faire ceci ou cela ; il renonce. Sa voix intérieure lui dit : « Pourquoi faire des efforts puisque c'est perdu d'avance ? » C'est pourquoi il est si important d'envoyer des messages clairs en trouvant un équilibre entre l'amour inconditionnel et le soutien qui encourage l'enfant à progresser.

Sans doute adhérons-nous déjà à certaines de ces suggestions. Il est temps de nous féliciter nous-même pour celles que nous pratiquons déjà, puis d'en choisir de nouvelles à travailler et à inscrire dans notre répertoire de parent. Non seulement ces idées peuvent nous aider à construire la relation ou à la reconstruire après un conflit de pouvoir, mais elles aident surtout à éviter qu'il ne s'en déclenche. En outre, elles permettent à notre enfant de prendre confiance en lui ; il apprend à se considérer digne de l'amour inconditionnel que nous lui portons et compétent à mesure qu'il progresse. Observant la façon dont nous nous comportons avec lui, il apprend à se comporter de même avec son entourage.

Notre conduite rejaillit également sur nous ; nous nous sentons mieux dans notre rôle de parent nourricier. Tout sentiment de culpabilité se dissipe peu à peu, et notre confiance en nous en tant que parent remonte en flèche. Une relation aimante et saine avec chacun de nos enfants aura un effet positif sur toute la vie du foyer.

Postface

Les enfants ont besoin de parents nourriciers et puissants sachant de manière intuitive ou réfléchie quand tenir bon et contrôler, quand et comment céder progressivement une partie du pouvoir et quand lâcher prise pour permettre à l'enfant de développer son propre pouvoir personnel en gérant lui-même telle ou telle situation.

Dans certaines familles, les rapports de force sont rares. Un enfant plutôt facile de tempérament et un parent sachant intuitivement lâcher progressivement son contrôle peuvent ne jamais connaître de bataille émotionnelle. Pour d'autres, il peut y avoir beaucoup de luttes pour le pouvoir et de conflits d'autorité à mesure que l'enfant forcera son chemin vers l'indépendance, ou que le parent aura du mal à renoncer à la maîtrise qu'il juge nécessaire pour le guider et lui enseigner la discipline.

Nous nous rendons compte à présent que les parents qui s'engagent dans des rapports de force avec leurs enfants en les dominant et en cherchant à contrôler tous leurs agissements détruisent non seulement la relation parent-enfant, mais perdent aussi la capacité d'influencer leur enfant de façon positive.

Si nous nous trouvions plus ou moins fréquemment en butte à des conflits de pouvoir avec un ou plusieurs de nos enfants, nous disposons maintenant d'informations, de repères et d'options pour nous aider à la compréhension et à la résolution de ces conflits. Ayant pris conscience du pouvoir destructeur de ces luttes incessantes sur la relation, nous serons motivé(e) à conduire les éventuelles nouvelles bagarres qui émergeront vers une résolution pacifique, dans notre intérêt tout autant que dans celui de l'enfant.

Dans ce livre, il ne s'agit pas de gagner ou perdre mais d'avancer ensemble, de permettre à notre enfant de grandir et de développer ses compétences tout en conservant une bonne relation parent-enfant.

En vérité, rapports de force et conflits d'autorité ne sont pas une fatalité.

Remerciements

Grand merci à

Gary, mon mari, trente et un ans, qui s'est occupé scrupuleusement de nos enfants pendant que j'aidais à l'extérieur des mères et des pères à s'occuper des leurs.

Anna, Tom et Achille, mes trois enfants ; ils m'ont chacun apporté des expériences et des histoires vécues qui confèrent à ce livre de l'étoffe et de la pertinence.

Mes amis, y compris mes sœurs, qui m'ont loyalement soutenue à travers mes tribulations pour parvenir à la publication de ce livre.

Mes collègues, qui ont confirmé et validé la thèse avancée dans ces recherches sur les conflits de pouvoir.

Enfin, merci à mon âme sœur.

CET OUVRAGE A ÉTÉ IMPRIMÉ EN FRANCE
PAR CPI FIRMIN-DIDOT
À MESNIL-SUR-L'ESTRÉE (EURE)
POUR LE COMPTE DES ÉDITIONS J.-C. LATTÈS
17, RUE JACOB, 75006 PARIS
EN SEPTEMBRE 2014

COMPOSITION FACOMPO À LISIEUX

Dépôt légal : septembre 2014
N° d'édition : 03 – N° d'impression : 124403
Imprimé en France